EU, *um vencedor*

EU,
um vencedor

FERNANDO BELTRÃO

Médico, professor e palestrante.

Formado pela Universidade de Pernambuco.

Professor da Faculdade de Medicina
da Universidade de Pernambuco.

Sócio e professor da Academia de Estudos
Fernandinho Beltrão há mais de 35 anos.

Direção Geral: Julio E. Emöd
Supervisão Editorial: Maria Pia Castiglia
Revisão: Estevam Vieira Lédo Jr.
Programação Visual e
Editoração Eletrônica: Neusa Sayuri Shinya
Tratamento de imagens e Capa: Mônica Roberta Suguiyama
Fotografias da Capa: Shutterstock
Impressão e Acabamento: EGB – Editora Gráfica Bernardi Ltda.

CIP-BRASIL. CATALOGAÇÃO NA PUBLICAÇÃO
SINDICATO NACIONAL DOS EDITORES DE LIVROS, RJ

B392e

      Beltrão, Fernando
      Eu, um vencedor / Fernando Beltrão. -- 1. ed. -- São Paulo :
HARBRA, 2018.
      208p. : il. ; 23 cm.

      ISBN: 978-85-294-0513-1

      1. Aprendizagem. 2. Educação. I.Título.

18-47789

                                    CDD: 370.1523
                                      CDU: 37.015.3

Eu, um vencedor

Copyright © 2018 por editora HARBRA ltda.
Rua Joaquim Távora, 629
04015-001 São Paulo – SP
Tel.: (0.xx.11) 5084-2482. Fax: (0.xx.11) 5575-6876
www.harbra.com.br

Todos os direitos reservados. Nenhuma parte desta edição pode ser utilizada ou
reproduzida – em qualquer meio ou forma, seja mecânico ou eletrônico, fotocópia,
gravação etc. – nem apropriada ou estocada em sistema de banco
de dados, sem a expressa autorização da editora.

ISBN 978-85-294-0513-1

Impresso no Brasil   *Printed in Brazil*

Um pouco
da minha história

Sou Fernandinho, um homem de jeito tímido, corpo magro, estatura baixa, olhar forte, alma inquieta... sou Fernandinho Beltrão.

Nasci prematuro, de parto cesáreo, em hospital público, há quase cinquenta anos. Nunca fui amamentado e pouco recebi, em quantidade e qualidade, de alimentos que se comem... mas recebi atenção, carinho, e tive, nos meus ancestrais – pais e avós –, grandes exemplos. Sou casado com Mônica, com quem tenho meu único filho, Davi.

Não frequentei pré-escola, embora essa "novidade" já houvesse nas terras de Catende, pequena cidade interiorana onde passei meus dezessete primeiros anos. Matriculado na primeira série para aprender a ler, logrei êxito, graças a dona Anna Virgínia, que nunca ousei chamar de tia. Daí até a minha formação em Medicina pela Universidade de Pernambuco foram dezoito anos – incluindo um ano de cursinho pré-vestibular – estudando sempre e exclusivamente em escolas públicas estaduais do Estado de Pernambuco. Na verdade, nunca deixei a escola pública, porque, mesmo hoje, médico formado e professor de Ensino Médio, sou professor concursado da Universidade de Pernambuco há mais de vinte anos. Desse modo, posso dizer das escolas públicas, suas grandes virtudes e vicissitudes, sua realidade e aparência, suas avenidas e seus becos.

Comecei a trabalhar aos doze anos, como meus irmãos... somos seis. Vendi picolé na rua, trabalhei entregando malotes, fui datilógrafo – uma versão antiga de digitador ou algo assim –, sou médico e professor.

Como professor de dezenas de escolas de Ensino Fundamental e Médio, aprendi coisas de se ensinar, fiz um monte de amigos, me fiz conhecido na cidade, alguns até ajudei. Isso me deu algum dinheiro, muitos sonhos e um grande desafio: construir uma escola privada que seja pública... que sonho difícil, senão impossível!

Tornei-me dono de cursinho pré-vestibular. Criei um cursinho diferente: é privado... mas está cheio de alunos cujos pais, como a maioria dos brasileiros, precisam trabalhar muito para manter a família; é privado... mas não precisa de propaganda; é privado... mas é exigente e sério como se não precisasse da contribuição financeira dos alunos; é privado... mas combate ferozmente o consumismo idiota que, nestes tempos, tem devorado a alma frágil dos nossos jovens; é privado... mas um dia será público, totalmente público.

Fernando Beltrão

Introdução

Enfrentar um ENEM, um vestibular concorrido ou um concurso público é tarefa para gigantes! Muitos tentam, nem todos conseguem. Inúmeros desistem da luta, alguns, até mesmo, quando a vitória começa a acenar-lhes logo ali... Por que começar, se não estou disposto a ir até o fim?

Assim como no ENEM, nos vestibulares e concursos, na vida também há barreiras, obstáculos, dificuldades que precisam ser superadas.

Não dá para vencer sem método, sem **estratégia**.

Não é possível obter sucesso sem dedicação, sem esforço, sem **atitude**.

Simplesmente, não há caminhada sem **obstáculos**, sem problemas, sem riscos.

Definitivamente, não dá para chegar a algum lugar sem planejamento, sem uma grande **motivação**.

Finalmente, mesmo que a vitória, o sucesso, o pódio, o nirvana cheguem... nenhum valor terá se não tiver sido conquistado com base moral, com **ética**.

Sobre isso fala este livro: estratégias, atitudes, obstáculos, motivação e ética, aplicáveis não só à realidade dos vestibulandos e/ou concurseiros, mas também a todo aquele que quer vencer na vida. Nele, você vai encontrar noventa e nove textos, muitos de tradição oral, sem autoria conhecida, mas cuja importância eu reconheço. Comentei cada um, movendo o meu olhar de professor e meu coração de homem para a realidade dos estudantes que, aflitos, buscam um lenitivo, um alívio, um apoio.

Para alguns, nada valerá esta leitura, pois não é – e nem pretende ser – uma leitura sempre agradável, romanceada, recheada de mimos, agrados e outras carícias literárias que fazem bem à alma, mas não produzem efeitos reais, nem perenes. Se você espera por isso, eu aviso: este livro não serve para você! Não tente buscar nele soluções para os seus problemas. O que encontrará, nas próximas páginas, são, em última análise, textos repletos de sensibilidade e força, capazes de tocar seu coração, o que pode ser de grande utilidade para que você mesmo invente as suas soluções. Por isso, repito: não procure nele as soluções já prontas... Elas estão dentro de você!

Sumário

PARTE 1 – MOTIVAÇÃO 13

As mais profundas motivações 14
Qual é a sua real vocação? 15
Agora é a sua vez 17
E a vaca "foi pro brejo" 20
A morte do meu inimigo 23
Um sujeito de sorte 25
O valor de um desejo 27
As quatro intrigantes velas 28
A mulher perfeita 30
Entrevista com Deus 32
Os indefesos coelhos e as espertas raposas e lobos 34
Tirando um pelo da cauda do leão 37

PARTE 2 – ESTRATÉGIAS 41

Quais são as suas prioridades? 42
Uma estrela por vez 44
Gestão por resultados 46
Não preciso ter superpoderes 48
Ensinando um cavalo a voar 50
Sobre dragões e formiguinhas 52
Quanto pesa um copo d'água? 53
O lençol sujo 55
Afiando o seu machado 57
A girafa-mãe faz o filho sofrer 59
Retratando a verdade e superando limites 60
Teoria do acerto e erro 63
O futuro está aí, atrás de você! 65
Nunca perco um bom negócio 66
Aprendendo a aprender: lição difícil 68
Esvaziando a própria mala 70

Um mundo globalizado	72
Controle de qualidade	74
O canoeiro e o filósofo	76
De que lado está seu guarda-chuva?	78
Quem quer dinheiro?	80

PARTE 3 – ÉTICA **83**

Nem todos são inocentes	84
A Verdade e a Parábola	86
O fazendeiro bem conectado	88
A temerária ratoeira	90
Dois amigos e quatro mulheres	92
Ultrapassando supostas limitações	94
Saia dessa, se puder	96
Uma questão de ética	98
O primeiro passo de uma longa caminhada	100
O pagador de promessas	102
Querendo ser notado	104
Barulho de carroça	107
Dois pesos e duas medidas	109
O pneu furado	111
O monge e o escorpião traiçoeiro	113
Quantos anos você tem: 6 ou 7?	115
O mais corajoso dos homens	117
A melhor maneira de dizer as coisas	119
Sou ateu... graças a Deus!	121
O grande vendedor de balões	122
Os porcos-espinhos	124
Um gesto de amor supremo	126

PARTE 4 – OBSTÁCULOS **129**

Milho de pipoca	130
Comparando alhos com bugalhos	132
Vai "abarcar o mundo com as pernas"?	134
Ninguém sabe tudo	136
Seja um tigre, não uma raposa	138
Além de queda, ainda mais um coice!	140
Matisse visita o grande Renoir	142

"*Shopping center* de maridos"................................... 143

O belo vaso de porcelana....................................... 145

Duas moscas, duas atitudes..................................... 147

O soldado ferido... 149

Uma grande burrice.. 151

O feiticeiro que veio da África.................................. 153

Às vezes, sentimos mesmo muita raiva......................... 154

Morrendo de gota em gota...................................... 156

Ser o primeiro aluno da classe................................. 158

O camundongo medroso... 160

Vivendo com uma raposa... 161

Lidando com a inveja.. 163

Isso é que é um cachorro... 165

Para quem só vive reclamando.................................. 167

O grande desafio... 169

PARTE 5 – ATITUDE 173

Feijões em seu sapato.. 174

Fuja que lá vem o leão! 176

Parábola do porco e da vaca.................................... 177

Não corra atrás das borboletas!................................ 178

O justo preço da batida do martelo 180

Provocando o habilidoso samurai.............................. 182

O menino que lutava judô.. 184

O sapinho vencedor 186

Compre, ache ou fabrique um tijolo........................... 187

No fundo do poço 188

Por que o cão não se levanta?.................................. 190

A lesma, o cachorro e as pulgas................................ 191

Quem é que manda aqui?.. 193

Começou o tempo da esperança............................... 194

Chame outro tipo de médico.................................... 196

Parábola das asas e raízes....................................... 198

Uma grande bailarina... 199

Jogue fora o seu coração.. 201

Conheça sempre o seu lugar.................................... 202

O Sol e o Vento 204

Quanto vale uma nota de 20?................................... 206

Sorte, azar e atitude.. 207

Motivação

1

As histórias que se seguem pretendem levá-lo a refletir sobre a importância de sentir-se motivado, além de algumas ações práticas, simples e efetivas que podem auxiliá-lo nesse sentido. Afinal, sem motivação não há superação.

Este capítulo é dedicado a Mônica, minha esposa e motivadora maior da minha vida, mola propulsora dos meus anseios e sonhos.

As mais
profundas motivações

DIZ A LENDA...

Dois amigos estavam caminhando quando viram uma raposa que perseguia um coelho. Um deles disse:

— De acordo com uma lenda antiga, o coelho sempre escapa da raposa.

— Não acho – retrucou o outro. — A raposa é mais rápida.

— Mas o coelho vai conseguir fugir; ele vai enganá-la – insistiu o primeiro.

— Como pode ter tanta certeza? – perguntou o amigo.

— É porque a raposa corre pela sua refeição e o coelho, pela sua vida!

FALA, FERNANDINHO...

- Por que você quer vencer?
- Aonde quer chegar e por quê?
- A quem você dedicará a sua vitória?
- Como pretende contar para seus filhos essa façanha?

Vá atrás das motivações mais profundas e descobrirá o tamanho das suas chances de vitória. Vencer qualquer obstáculo, sobretudo os maiores desafios, exige dedicação e determinação, filhas da motivação. É fundamental querer, desejar, sonhar...

Claro que o sonho sozinho não é nada, mas sem ele não há vitórias. Portanto, tenha um ideal, cultive os seus princípios, descubra uma boa razão para ser o que você será e tudo – eu insisto, tudo – será infinitamente mais fácil.

Qual é a sua *real vocação?*

DIZ A LENDA...

Eu estava andando nos jardins de um asilo de loucos quando encontrei um jovem rapaz, lendo um livro de filosofia.

Pelo seu jeito, e pela saúde que mostrava, não combinava muito com os outros internos.

Sentei-me ao seu lado e perguntei:

— O que você está fazendo aqui?

O rapaz olhou surpreso, mas, vendo que eu não era um dos médicos, respondeu:

— É muito simples. Meu pai, um brilhante advogado, queria que eu fosse como ele. Meu tio, que tinha um grande entreposto comercial, gostaria que eu seguisse seu exemplo. Minha mãe desejava que eu fosse a imagem do seu adorado pai. Minha irmã sempre me citava seu marido como exemplo de um homem bem-sucedido. Meu irmão procurava treinar-me para ser um excelente atleta como ele.

Parou um instante e continuou:

— E o mesmo acontecia com meus professores na escola, o mestre de piano, o tutor de inglês – todos estavam determinados em suas ações e convencidos de que eram o melhor exemplo a seguir. Ninguém me olhava como se deve olhar um homem, mas como se olha no espelho. Por isso, resolvi me internar neste asilo. Pelo menos aqui "posso ser eu mesmo".

FALA, FERNANDINHO...

Escolher uma profissão é tarefa individual, pois é você quem viverá a realidade profissional durante trinta, quarenta, cinquenta anos. Fazer o que não se gosta, trabalhar com coisas para as quais não tenha a menor habilidade podem lhe trazer angústia, insatisfação e, consequentemente, baixo desempenho profissional.

Sendo infeliz na profissão – que lhe tomará mais da metade das horas do dia –, ninguém consegue ser feliz na vida familiar. Creio que uma das causas de tanta infelicidade conjugal e familiar repousa no desequilíbrio do indivíduo em sua carreira profissional, seja por excesso de trabalho, seja por inaptidão para a função, seja por insatisfação do indivíduo com as suas tarefas, pelo ambiente de trabalho ou pela sensação de inutilidade do que faz. Repito: mais da metade das horas do seu dia – daqui a cinco, dez, quinze anos – será tomada pelo seu trabalho e por isso ele precisa ser prazeroso, tem de lhe fazer sentir útil, deve lhe remunerar bem. Assim, escolha cuidadosamente sua carreira e, se perceber que ela não lhe serve, abandone-a! Só existe beco sem saída para quem é tão inseguro que não consegue andar de marcha à ré.

Agora é *a sua vez*

DIZ A LENDA...

Uma família de judeus precisou sair de sua casa às pressas no período da Segunda Guerra Mundial, fugindo das tropas de Hitler que se aproximavam.

Tinham de fugir rápido, deixando para trás tudo: casa, bens, documentos... tudo! Eles notaram que a única chance de fuga era atravessar as montanhas que circundavam a cidade, chegando a uma região segura.

Nove pessoas, entre crianças, adultos e um velho – o vovô Simão –, formavam a família. Reuniram-se e planejaram todos os detalhes: sairiam de casa de madrugada e caminhariam durante cerca de 26 horas, montanha acima, chegando ao destino final no dia seguinte pela manhã. O problema era o avô, já velho e cansado, com a saúde um pouco debilitada... A viagem seria difícil.

— Deixem-me aqui – disse ele. — Serei uma carga para o êxito de vocês. Vou atrapalhar a fuga. Afinal, os soldados nem vão se importar com um velho como eu.

Entretanto, os filhos insistiram para que ele fosse. Chegaram a afirmar que, se ele não quisesse ir, eles também não o fariam. Vencido pelos argumentos dos filhos e netos, o vovô Simão concordou. E foi.

A família partiu em direção às montanhas. A caminhada transcorria em silêncio, e qualquer esforço desnecessário deveria ser poupado. Como entre eles havia uma menininha de apenas um ano, combinaram que, para que ninguém ficasse exausto, ela seria carregada por todos os adultos da família, em sistema de revezamento.

Passadas algumas horas de subida íngreme, o avô sentou-se em uma rocha. Baixou a cabeça e pediu:

— Por favor, deixem-me para trás. Não vou conseguir. Continuem sozinhos.

— De maneira nenhuma o deixaremos. O senhor tem de conseguir. Vai conseguir – disse o filho mais velho com entusiasmo.

— Não – insistiu o avô. — Deixem que eu fique aqui.

O filho não se deu por vencido. Aproximou-se do pai e, com determinação e carinho, disse-lhe:

— Vamos, pai. Precisamos do senhor. É a sua vez de carregar o bebê.

O velho levantou o rosto e viu a fisionomia cansada de todos. Olhou para o bebê enrolado em um cobertor, no colo do neto de doze anos. O menino era magrinho e parecia estar realizando um esforço sobre-humano para segurar a criança.

O avô se levantou.

— Claro – falou. — É a minha vez. Passem-me o bebê.

Ajeitou a criança no colo, olhou para o seu rostinho inocente e sentiu suas forças renovadas. Um grande desejo de ver sua família a salvo tomou conta do vovô Simão.

— Vamos. Já estou bem. Só estava precisando descansar um pouco. Vamos andando, disse mostrando força e vigor.

O grupo prosseguiu... Naquela noite, a família conseguiu atravessar as altas montanhas e atingiu o sopé do lado oposto, onde todos ficaram a salvo, *todos*. Até o avô!

FALA, FERNANDINHO...

Quando você estiver se sentindo cansado, exausto, quase desistindo da caminhada, lembre-se da história do vovô Simão.

Ele deve figurar como um exemplo. O que parece impossível pode tomar novo rumo quando muda o foco da motivação. Dessa maneira, quando estiver quase desistindo, procure pensar que do outro lado da montanha sua vida será melhor, sua caminhada será mais fácil, seu fardo, menos pesado. Uma sugestão: quando estiver desanimando, procure um colega mais fraco do que você para "carregá-lo nos braços" por alguns passos. Como assim? Procure alguém que esteja precisando de ajuda, talvez um colega que tenha faltado a uma aula ou que tenha se saído mal em uma prova... tente levantá-lo, orientá-lo, ajudá-lo. Agora, é a sua vez.

Eu, um vencedor **19**

E a vaca *"foi pro brejo"*

DIZ A LENDA...

Um filósofo passeava por uma floresta com um discípulo, conversando sobre a importância dos encontros inesperados. Segundo o mestre, tudo que está diante de nós nos dá uma chance de aprender ou ensinar. Nesse momento, eles cruzavam a porteira de um sítio que, embora muito bem localizado, tinha uma aparência miserável.

— Veja este lugar – comentou o discípulo. — O senhor tem razão: acabo de aprender que muita gente está no Paraíso, mas não se dá conta e continua a viver em condições miseráveis.

— Eu disse aprender e ensinar, retrucou o mestre. — Constatar o que acontece não basta: é preciso verificar as causas, pois só entendemos o mundo quando entendemos as causas.

Bateram à porta e foram recebidos pelos moradores: um casal e três filhos, com as roupas rasgadas e sujas.

— O senhor está no meio desta floresta e não há nenhum comércio nas redondezas – disse o mestre para o pai de família. — Como sobrevivem aqui?

E o senhor, calmamente, respondeu:

— Meu amigo, nós temos uma vaquinha que nos dá vários litros de leite todos os dias. Uma parte desse produto nós vendemos ou trocamos na cidade vizinha por outros gêneros alimentícios; com a outra parte nós produzimos queijo, coalhada, manteiga para o nosso consumo. E assim vamos sobrevivendo.

O filósofo agradeceu a informação, contemplou o lugar por uns momentos e foi embora. No meio do caminho, disse ao discípulo:

— Pegue a vaquinha, leve-a ao precipício ali em frente e jogue-a lá em baixo.

— Mas ela é a única forma de sustento daquela família.

O filósofo permaneceu mudo. Sem ter alternativa, o rapaz fez o que lhe estava sendo pedido e a vaca morreu na queda.

A cena ficou marcada na memória do discípulo. Depois de muitos anos, quando já era um empresário bem-sucedido, resolveu voltar ao mesmo lugar, contar tudo à família, pedir perdão e ajudá-la financeiramente.

Qual não foi sua surpresa ao ver o local transformado em um belo sítio, com árvores floridas, carro na garagem e algumas crianças brincando no jardim. Ficou desesperado, imaginando que a família humilde tivera de vender o sítio para sobreviver. Apertou o passo e foi recebido por um caseiro muito simpático.

JAIMIE TUCHMAN/SHUTTERSTOCK

— Para onde foi a família que vivia aqui há dez anos? – perguntou.

— Continua dona do sítio – foi a resposta.

Espantado, o agora bem-sucedido empresário entrou correndo na casa e o senhor o reconheceu. Perguntou como estava o filósofo, mas o rapaz estava ansioso demais para saber como conseguiram melhorar o sítio e ficar tão bem de vida.

— Bem, nós tínhamos uma vaca, mas ela caiu no precipício e morreu – disse o senhor. — Então, para sustentar minha família, tive de plantar ervas e legumes. As plantas demoravam a crescer e comecei a cortar madeira para venda. Ao fazer isso, tive de replantar as árvores e necessitei comprar mudas. Ao comprar mudas, lembrei-me da roupa de meus filhos e pensei que poderia, talvez, cultivar algodão. Passei um ano difícil, mas quando a colheita chegou, eu já estava exportando legumes, algodão e ervas aromáticas. Nunca havia me dado conta de todo o meu potencial aqui. Ainda bem que aquela vaquinha morreu!

FALA, FERNANDINHO...

Dedico essa parábola às pessoas que tiveram em uma reprovação injusta o seu "momento libertador". São pessoas que após um forte abalo emocional percebem-se encurraladas, deprimidas, tristes, sem saída e, como em um passe de mágica, descobrem que, na verdade, elas não estavam trilhando o caminho do seu coração. São pessoas que mudam de opção, de emprego, de parceiro após uma derrota e, enquanto todo o mundo acha que seu futuro será sombrio, elas reaparecem felizes, realizadas, completas e, mais do que isso, conscientes de que a "queda sofrida" foi, na verdade, uma mola propulsora para uma nova vida que talvez jamais experimentassem se tivessem obtido "sucesso" na tentativa fracassada.

A morte do meu *inimigo*

DIZ A LENDA...

Certo rabino era adorado por sua comunidade. Todos ficavam encantados com o que dizia, menos Isaac, que não perdia uma chance de contradizer as interpretações do rabino, apontar falhas em seus ensinamentos. Os outros ficavam revoltados com Isaac, mas não podiam fazer nada. Um dia, Isaac morreu. Durante o enterro, a comunidade notou que o rabino estava profundamente triste.

— Por que tanta tristeza? – perguntou alguém. — Isaac vivia colocando defeito em tudo o que o senhor dizia!

— Não lamento o meu amigo que hoje está no céu, respondeu o rabino. — Lamento a mim mesmo. Enquanto todos me reverenciavam, ele me desafiava, e eu era obrigado a melhorar. Agora que ele se foi, tenho medo de parar de crescer.

FALA, FERNANDINHO....

Os obstáculos de nossa vida podem ser interpretados de várias formas. A forma mais óbvia é que eles existem para nos prejudicar, paralisar e que foram impostos por um ente superior ou pelo destino. A melhor forma de encará-los, todavia, é aceitar os obstáculos da vida como desafios que não nos deixam parar de crescer. Pessoas que nos elogiam podem até ser úteis ao nosso ego, mas, com certa frequência, nos acomodam o espírito... o que não é bom. Pessoas que nos criticam, desafiam, irritam são – nas palavras do Dalai Lama – nossos "professores de paciência", nossos promotores de crescimento, nossos "amigos indiretos". Agradeçam, portanto, por todos aqueles que não lhes permitam parar de crescer!

Eu, um vencedor **23**

Pessoalmente, vivo essa realidade todos os dias: recebo as mais variadas críticas. Preciso pensar diariamente: quais dessas críticas me mostram defeitos ou falhas que ainda não corrigi? Então, de posse das respostas, mãos à obra: trabalhar para superar as minhas limitações.

E quanto às críticas injustas, absurdas, exageradas, sem fundamento, o que fazer? Nada. O ideal é estar tão ocupado com as outras que estas nem sejam percebidas.

Um sujeito
de sorte

DIZ A LENDA...

Conta-se que certa vez dois irmãos foram admitidos em uma empresa na função de faxineiros, visto que tinham pouca instrução.

Um dia, foi oferecida a oportunidade para todos que a quisessem de, após o término do expediente, cursar o supletivo por conta da empresa. Um dos irmãos imediatamente agarrou essa chance. O outro, porém, acomodado à própria situação, disse:

— Eu, hein, fazer hora extra sem receber para isso...

Em outras ocasiões, a história se repetiu: oportunidades eram oferecidas – cursos de digitação, informática, noções de contabilidade, treinamentos em relacionamento humano etc. – um agarrava de frente as oportunidades, investindo seu tempo no desenvolvimento pessoal e profissional; o outro, sempre com "boas" justificativas para não ser "explorado", apresentava desculpas das mais diversas: e meu futebol? meu programa de televisão? o barzinho com os "amigos"?...

Passado algum tempo, aquele irmão que investira seu tempo com afinco em seu aperfeiçoamento foi se destacando, tanto que, à medida que foram surgindo vagas dentro da empresa, a ele eram oferecidas. E isso exigia dele ainda mais empenho, e prontamente ele se dedicava mais e mais...

Tempos depois, chegou a gerente. Não apenas mais um gerente, mas sim o melhor gerente da empresa. E foi feita uma festa em homenagem ao rapaz. Na festa, alguém que não sabia do parentesco entre o ainda faxineiro e o então gerente aproximou-se daquele e disse:

— Formidável esse gerente!

— É... e ele é meu irmão... – disse o faxineiro.

Eu, um vencedor **25**

— Seu irmão? – exclamou incrédulo o interlocutor. — E ele é gerente e você faxineiro...

— É... ele teve sorte na vida! – concluiu o faxineiro.

FALA, FERNANDINHO...

Muita gente pergunta a si mesmo se o fator sorte existe e se tem algum efeito em provas e concursos. Eu sempre digo que sim. A sorte existe, também nesse campo, mas seus resultados são estatisticamente desprezíveis, ou seja, muitas vezes menores do que possam parecer. Vou dar um exemplo: um aluno, certa vez, foi aprovado com destaque nas duas primeiras – e bem difíceis – etapas de um concurso. Na última etapa haveria uma prova bem específica, ou seja, sobre um tema restrito e que necessitava, portanto, de maior nível de conhecimento. Pois bem, o nosso aluno, embora muito estudioso, tinha um único ponto – entre os vinte pontos da prova – para o qual não se sentia preparado. Chegou a véspera da prova e o ponto sorteado foi... exatamente o odioso tópico! Isso é sorte? Claro que não! Sorte foi o adiamento da prova para o dia seguinte por causa de uma chuva torrencial. Ah, na reedição da prova, o ponto sorteado foi ótimo e o resultado, perfeito!

Acha você que esse caso envolve sorte? Também acho. Mas a sorte funciona mais ou menos assim: há um saquinho – daqueles usados para sortear as pedras de bingo – e o destino vai sortear alguns para beneficiar... lá vai... quem será beneficiado?... para quem a sorte vai sorrir?... Não se anime, se você não se preparou o bastante. Isso porque, infelizmente, só colocaram dentro do saco as pedrinhas dos alunos que estudaram muito e que não estão nem aí para essa tal de sorte!

Um alerta: em vestibulares existe um erro bastante comum cometido por alguns candidatos, que é o de prestar vestibular em dez diferentes universidades, muitas vezes com regras e programas distintos, em um período de provas corridíssimo e o resultado... reprovação em cadeia! Assim, tome cuidado ao planejar as provas que fará, escolhendo apenas aquelas que sejam mais adequadas ao seu real potencial, às suas habilidades, ao tipo de preparação feita.

O valor de um *desejo*

DIZ A LENDA...

Nasrudin tinha um búfalo, cujos chifres eram bem afastados um do outro. Sempre imaginava que, caso conseguisse instalar-se entre eles, seria exatamente como estar sentado em um trono.

Um dia, o animal sentou-se bem próximo, e a coisa mais simples do mundo seria acomodar-se entre seus chifres. Nasrudin não pôde resistir à tentação. O búfalo, quase de imediato, levantou-se e jogou-o longe. A mulher de Nasrudin, ao encontrá-lo desmaiado no chão, começou a chorar.

— Não chore – disse Nasrudin assim que voltou a si. — Tive meu sofrimento, mas ao menos realizei meu desejo.

FALA, FERNANDINHO...

É claro que nossa intenção não é fazer apologia ao uso de drogas, à direção perigosa, à vida inconsequente. Queremos apenas mostrar a importância dos prazeres, das folgas, do lazer, do sono, enfim, de tudo o que faz falta aos que se dedicam aos estudos e ao trabalho com tanto afinco que perdem oportunidades de satisfazer necessidades cotidianas, como um bom passeio, um cinema, um *show* ou simplesmente uma tarde inteira de ócio...

Voltando à historinha, vale ressaltar que ela mostra bem, até demais, o fato de que tudo na vida tem algum preço. Acordar tarde nos finais de semana tem seu preço; sair para a balada toda sexta, também; ficar com uma garota a cada festa, outro preço; não fazer nada disso... também!

As quatro *intrigantes velas*

DIZ A LENDA...

Quatro velas estavam queimando calmamente. O ambiente estava tão silencioso que se podia ouvir o diálogo que travavam.

A primeira vela disse:

— Eu sou a Paz! Apesar de minha luz, as pessoas não conseguem me manter, acho que vou apagar – e, diminuindo devagarzinho, apagou totalmente.

A segunda vela disse:

— Eu me chamo Fé! Infelizmente há quem me considere muito supérflua. Há pessoas que não querem saber de mim. Não faz sentido continuar queimando.

Ao terminar sua fala, um vento leve bateu sobre ela, e se apagou. Falando baixinho e com tristeza, a terceira vela se manifestou:

— Eu sou o Amor! Não tenho mais forças para queimar. As pessoas me deixam de lado, só conseguem se enxergar, esquecem até daqueles à sua volta que as ama – e sem demora apagou-se.

De repente... entrou uma criança e viu as três velas apagadas.

— O que é isso? Vocês deveriam ficar acesas até o fim – e, dizendo isso, começou a chorar.

Então, a quarta vela falou:

— Não tenha medo, criança, enquanto eu queimar podemos acender as outras velas. Eu sou a Esperança.

A criança, com os olhos brilhantes, pegou a vela que restava – a Esperança – e acendeu todas as outras...

FALA, FERNANDINHO...

Se tem uma coisa fundamental na vida de um aluno que vai prestar ENEM, vestibular, ou de alguém que busca uma vaga em um pesado concurso público ou uma vaga em algum emprego, é a esperança. Ela deve ser eterna, constante, inabalável. Claro que há momentos nos quais ficamos um pouco desanimados, receosos, até um pouco descrentes... Mas não podemos nos permitir viver sem esperanças.

Converse com um professor ou com uma pessoa mais experiente do que você e peça-lhe para contar casos – que existem aos milhares – de pessoas que, contrariando toda a lógica humana, sobreviveram a acidentes terríveis, superaram doenças incuráveis, alcançaram metas aparentemente inatingíveis...

Acredite: como professor, nunca vivi um ano sequer sem que não visse pelo menos um aluno ser aprovado no vestibular contra todas as previsões possíveis... Por que será que isso ocorre? Claro que nem todos que sonham vencem; mas, certamente, todos que vencem sonharam com a vitória e alimentaram a esperança de viver essa glória.

A esperança não é a última que morre – é a única que não morre!

A mulher *perfeita*

DIZ A LENDA...

Um homem saiu pelo mundo à procura da mulher perfeita. Depois de dez anos de busca, resolveu voltar à aldeia. Seu melhor amigo perguntou-lhe:

— Encontrou a mulher perfeita em suas andanças?

O homem respondeu:

— Ao sul, encontrei uma mulher linda. Seus olhos pareciam duas pérolas, seu cabelo era da cor das asas da graúna, seu corpo era lindo como o de uma deusa.

O amigo, entusiasmado, perguntou:

— Onde está a sua esposa?

— Infelizmente, ela não era perfeita, pois era muito pobre... Fui para o norte e encontrei uma mulher que era a mais rica da cidade. Não tinha nem noção do poder e do dinheiro que tinha.

E o amigo, de novo, perguntou:

— Então, essa era perfeita?

— Não, respondeu o homem; o problema é que eu nunca vi uma criatura tão feia em toda a minha vida... Mas, finalmente, no sudeste, conheci uma mulher linda. Sua beleza era de ofuscar os olhos, tinha muito dinheiro, era perfeita.

— Então você se casou com ela, não é, amigo?

— Não, porque, infelizmente, ela também procurava o homem perfeito.

FALA, FERNANDINHO...

A perfeição é uma virtude ou um defeito? Pode ser as duas coisas. Se, por um lado, buscar melhorar a cada dia, tentar fazer – sem exageros – tudo com perfeição, dedicando-se ao máximo, zelando por cada detalhe, é uma forma de produzir grandes mudanças interiores e exteriores na sua vida pessoal e na vida dos que lhe cercam... por outro lado, exigir ou mesmo esperar a perfeição de outrem é tolice, até porque seus parâmetros de excelência podem ser diferentes dos parâmetros dessas pessoas.

Aceite cada um com sua beleza e seus defeitos.

Tente ser, para cada um, um pouco do que gostaria que todos fossem para você. Assim, encontrará nos imperfeitos – como você – relações imperfeitas, mas que valem a pena. Encontrará um trabalho cansativo, mas prazeroso; conseguirá obter um bom salário, mesmo que não seja o maior salário da sua turma; será uma pessoa sempre saudável, frequentemente feliz, às vezes triste, jamais desesperada.

Entrevista

DIZ A LENDA...

— Entra! – disse Deus. — Então, queres me entrevistar?

— Bem... – respondi. — Se tens algum tempo para mim...

Ele sorriu atrás da barba e disse:

— O meu tempo chama-se eternidade e chega para tudo! O que queres saber?

— Nada que seja muito difícil para Deus. Quero saber o que é que mais te diverte nos seres humanos?

Ele respondeu:

— Eles se cansam de ser crianças... Primeiro, perdem a saúde para ter dinheiro e, logo em seguida, perdem o dinheiro para ter saúde... Pensam tão ansiosamente no futuro que descuidam do presente, e, assim, não vivem nem o presente nem o futuro... Vivem como se fossem morrer e morrem como se não tivessem vivido!

FALA, FERNANDINHO...

Você tem saudades do tempo de criança? Sente falta de quando não tinha tanta obrigação, tantos problemas?

Acredite: você ainda vai sentir saudades do tempo que vive hoje. Nele você está aprendendo muito, crescendo. Todo crescimento é doloroso, mas útil. Se, por um lado, estudar para ENEM, vestibular ou concurso não é para qualquer um – pois é um processo durante o qual parte da nossa vida fica totalmente comprometida com a luta feroz, um pouco da nossa alma é corroída todo dia – por outro lado, crescente é a nossa esperança, instigante é o nosso sonho e prazerosa será a nossa chegada.

    Mesmo durante esses tempos difíceis há – para aqueles que querem ver – um monte de coisas boas: surgem bons e, às vezes, eternos amigos, aparece um grande amor... Com frequência, durante a preparação para um vestibular, ou o ENEM, a pessoa se descobre um escritor, um artista, um comunicador, enfim, um homem!

Os indefesos coelhos e as *espertas raposas e lobos*

DIZ A LENDA...

Um belo dia, o coelhinho esperto estava ao ar livre, sozinho, muito concentrado, manuseando o seu charmoso *notebook*, quando foi surpreendido por uma raposa, que viu nele uma deliciosa refeição. Intrigada, porém, com tanta concentração, ela perguntou:

— Coelhinho, o que você está fazendo aí?

— Estou escrevendo uma tese de mestrado – disse o coelhinho, sem tirar os olhos da tela.

— Ah... e qual é o tema da tese?

— É uma teoria nova, com a qual estou provando que os coelhos são predadores naturais das raposas, ao contrário do que se acreditava antes.

A raposa ficou perplexa e disse:

— Isso é impossível. Raposas é que são predadoras de coelhos!

— Se duvida, me acompanhe até a minha toca para que eu possa demonstrar-lhe, por meio de experimentos, o quão verdadeira é a minha tese.

Diante do mistério, a raposa resolveu acompanhar o inocente coelhinho até sua toca. Minutos depois, foram ouvidos gritos e grunhidos de desespero... Logo depois, o coelho voltou, sozinho, e retomou o seu trabalho, como se nada tivesse acontecido.

Certo tempo depois, passou um lobo. Ao ver aquela situação esdrúxula, ele também ficou intrigado, mas feliz por ter encontrado um delicioso alimento. Curioso com a situação, não se conteve:

— O que você está fazendo, assim tão concentrado e tão exposto aos perigos? – perguntou o lobo.

— Estou finalizando minha tese – repetiu o coelhinho, sem sequer tirar os olhos do computador. — É uma teoria que prova a superioridade dos coelhos como predadores naturais de raposas, lobos e outros animais de grande porte.

O lobo considerou essa afirmação um ultraje e retrucou:

— Oh, delicioso coelhinho... você está me desafiando? Fique certo: lobos comem coelhinhos, desde sempre... e assim sempre será.

— Se o senhor quiser, posso apresentar provas experimentais da minha tese, o que comprova, de modo irrefutável, o que afirmo. Por que você não vem comigo a minha toca?

O lobo topou o convite e chegou até a pensar: "Quem sabe lá na toca eu não encontro uma família inteira de idiotas, como esse coelhinho gostoso..."

Foram ao local. Entraram na toca. Algum tempo depois, ouviram-se uivos e gritos de horror, seguidos de um silêncio sepulcral. Mais uma vez, o coelho retornou sozinho, tranquilo, ao seu trabalho.

Dentro da toca, viam-se uma enorme pilha de ossos, restos de corpos esquartejados, muito sangue e peles de diversas raposas e de lobos que lá haviam morrido.

No meio daquela ossada toda, havia um leão feroz, forte, bem nutrido, feliz. O rei dos animais disse ao coelhinho esperto:

— Não lhe disse? Não importa quão absurda seja a sua tese; não importam tanto os seus fundamentos; pouco importam os experimentos que fará; mesmo que suas ideias pareçam absurdas, ilógicas ou agridam o senso comum, o que importa é quem está apoiando a sua tese.

FALA, FERNANDINHO...

Essa fábula serve para ilustrar que a sua vitória – como estudante ou profissional – pode parecer difícil, improvável ou até impossível; mas, com o apoio correto de seus pais, amigos, professores e supervisores, suas chances de vitória crescem exponencialmente. Assim, busque os "leões" que lhe rodeiam e saia da toca sem medo... Lute, mas tenha a certeza, antes de tudo, de que não lhe faltará o apoio necessário, o suporte nas horas difíceis. Peça ajuda, seja humilde...

Tirando um pelo
da cauda do leão

DIZ A LENDA...

Em uma aldeia nas montanhas da Etiópia, um rapaz e uma moça se apaixonaram e se casaram. Por algum tempo foram perfeitamente felizes, mas então os problemas chegaram à casa deles. Começaram a ver os erros um do outro nas pequenas coisas – ele a acusava de gastar muito no mercado, ela o acusava de estar sempre atrasado. Não se passava um dia sem uma discussão sobre dinheiro, sobre trabalho doméstico, sobre amigos. Às vezes, ficavam tão bravos que gritavam, berravam impropérios e iam para a cama sem se falar, o que só piorava as coisas.

Depois de alguns meses ela achou que não aguentava mais aquilo e procurou um juiz velho e sábio para pedir o divórcio.

— Por quê? – perguntou ele. — Há menos de um ano que se casaram. Não ama seu marido?

— Sim, nós nos amamos, mas as coisas não vão nada bem.

— Como assim, não vão nada bem?

— Ah, brigamos muito, ele faz coisas que me irritam. Deixa roupas espalhadas pela casa toda, corta as unhas do pé na sala e deixa pelo chão, chega tarde em casa. Sempre que quero fazer alguma coisa, ele quer fazer outra. Não podemos viver juntos.

— Entendo – disse o velho juiz. — Talvez eu possa ajudar. Conheço um remédio mágico que vai fazer vocês se darem muito melhor. Se eu lhe der esse remédio, vai parar de pensar em divórcio?

— Claro! – gritou ela. — Qual é o remédio? Eu o quero!

— Calma – disse o juiz. — Para fazer o remédio preciso de um fio da cauda de um grande leão que vive perto do rio. Tem de trazer esse fio para mim.

Eu, um vencedor **37**

— Mas como vou conseguir isso? – perguntou a mulher. — O leão vai me matar!

— Nisso não posso ajudar – disse o velho, abanando a cabeça. — Entendo muito de remédios, mas não entendo nada de leões. Você precisa descobrir um meio. Vai tentar?

A jovem esposa refletiu longamente. Amava muito o marido, e o remédio ia salvar seu casamento. Resolveu buscar o pelo do leão.

Na manhã seguinte, foi ao rio e se escondeu atrás de uma pedra. Pouco tempo depois, o leão veio beber água. Quando viu as patas enormes, ela ficou tremendo de medo. O leão abriu a boca, mostrando os dentes afiados, e ela quase desmaiou. Então, o leão deu um rugido e ela saiu correndo para casa.

Mas na manhã seguinte ela voltou ao rio, trazendo um saco de carne fresca. Deixou a carne no capim da margem, a 200 metros do leão, e ficou escondida atrás da pedra enquanto ele comia.

No dia seguinte, voltou e pôs o pedaço de carne a 100 metros do leão; no outro dia, pôs a carne a 50 metros do leão e não se escondeu enquanto ele comia.

Assim, a cada dia chegava mais perto do leão, até que um dia chegou tão perto que pôde atirar-lhe a carne na boca. No outro dia, o leão veio comer em sua mão. Tremia ao ver os dentes enormes rasgando a carne, mas tinha mais amor ao marido do que medo do leão. Muito lentamente, ela abaixou-se e arrancou um fio de pelo da cauda da fera.

Voltou correndo ao juiz.

— Olhe! – gritou ela. — Trouxe um pelo do leão!

O velho pegou o fio e examinou atentamente.

— Foi muita coragem sua – disse ele. — E precisou de muita paciência, não? Sua determinação foi decisiva!

— Ah, sim – disse ela. — Agora me dê o remédio para salvar meu casamento!

O velho juiz abanou a cabeça.

— Não tenho mais nada a lhe dar.

— Mas o senhor prometeu! – exclamou a jovem esposa.

— Então, não vê? – perguntou ele com carinho. — Já tem o remédio de que precisa. Você estava decidida a fazer o que fosse preciso, por mais que demorasse, para ter o remédio mágico para seus problemas. Mas mágica não existe. Só existe a sua determinação. Você e seu marido se amam. Se os dois tiverem a paciência, a determinação e a coragem que você demonstrou para trazer esse pelo do leão, serão muito felizes. Pense nisso.

FALA, FERNANDINHO...

Você também precisa de coragem... para enfrentar milhares de concorrentes, muitos dos quais muito bem preparados. Claro que vai precisar de determinação, pois sem ela você desistirá quando aparecerem os primeiros problemas. Sobretudo, você vai necessitar de paciência, porque serão horas, dias, meses, talvez anos de preparação para atingir seus objetivos. No final, tudo dará certo se você cultivar estes três valores: coragem, determinação e paciência.

Eu, um vencedor

Estratégias

2

Mesmo se dedicando muito, alguns estudantes não conseguem obter bom rendimento. Frequentemente sobra esforço e falta método. Neste capítulo veremos algumas formas práticas e eficientes para aplicar boas estratégias de estudo otimizando o seu desempenho, ampliando suas possibilidades de êxito.

Dedico este capítulo a minha mãe, mulher que acreditou em todas as minhas "loucuras" e incentivou cada uma das minhas "invenções", vendo, em cada uma delas, uma grande estratégia. Sem a ousadia e inquietude de minha mãe, nem eu nem meus irmãos teríamos chegado aonde chegamos.

Quais são as suas *prioridades?*

DIZ A LENDA...

"Se você se ocupar apenas com as coisas pequenas, as grandes não terão espaço."

Um mestre foi questionado por seu discípulo sobre a real importância das coisas. Em vez de responder-lhe à pergunta, pediu ao discípulo que pegasse um vaso de boca larga e colocasse algumas pedras grandes dentro dele.

Assim feito, o mestre perguntou ao discípulo:

— O vaso está cheio?

— Sim – respondeu o discípulo.

Então, o mestre pediu ao discípulo que colocasse um monte de pedregulhos dentro do vaso.

— E agora, está cheio?

— Sim.

Então, o mestre pediu ao discípulo que colocasse areia dentro do vaso.

— E agora, está cheio?

— Sim.

Então, o mestre pediu ao discípulo que colocasse água dentro do vaso. Nesse ponto, o discípulo prontamente disse:

— Entendi mestre. A real importância das coisas está na forma como as armazenamos.

O mestre respondeu:

— Não. O vaso só pôde ser cheio dessa forma porque as grandes coisas foram colocadas primeiro, depois as menores, e assim por diante. Assim também é a vida. Priorize sua vida com as coisas que realmente são grandes e importantes, como sua família, seus amigos, seu desenvolvimento pessoal e profissional; depois priorize as menores. Se você tivesse começado a encher o vaso com pedregulhos, as pedras grandes jamais caberiam nele. Assim também, se você se ocupar apenas com as coisas pequenas, as grandes não terão espaço.

FALA, FERNANDINHO...

Vai estudar? Primeiro faça um planejamento, um macroplanejamento. Escolha o local, os livros, o horário; separe papéis, caneta e tudo o que for precisar. Comece pelos assuntos mais importantes, que sirvam de base para outros que virão. Antes de aprender os "detalhes minuciosos" que só existem no livro A, estude os conteúdos-chave que estão em todos os livros. Forme uma boa base, antes de encher a cabeça de preciosidades. Caso tenha dificuldades para montar uma sequência lógica, peça a orientação de um professor ou de um colega.

Não esqueça: assim como para construir uma casa sólida, a construção do conhecimento também requer etapas bem definidas – o alicerce vem primeiro, depois as paredes, em seguida o telhado e, por último, o mobiliário da casa.

Uma estrela

por vez

DIZ A LENDA...

Um de nossos amigos estava caminhando ao pôr do sol em uma praia deserta mexicana. À medida que caminhava, começou a avistar outro homem a distância. Ao se aproximar do nativo, notou que ele se inclinava, apanhando algo e atirando na água. Repetidamente, continuava jogando coisas no mar.

Ao se aproximar ainda mais, nosso amigo notou que o homem estava apanhando estrelas-do-mar que haviam sido levadas para a praia e, uma de cada vez, as estava lançando de volta à água.

Nosso amigo ficou intrigado. Aproximou-se do homem e disse:

— Boa-tarde, amigo. Estava tentando adivinhar o que você está fazendo.

— Estou devolvendo essas estrelas-do-mar ao oceano. Você sabe, quando a maré baixa, todas essas estrelas-do-mar são trazidas para a praia. Se eu não as lançar de volta ao mar, elas morrerão por falta de oxigênio.

— Entendo – respondeu meu amigo –, mas deve haver milhares de estrelas-do-mar nesta praia. Provavelmente você não será capaz de apanhar todas elas. É que são muitas, simplesmente. Você percebe que provavelmente isso está acontecendo em centenas de praias acima e abaixo desta costa? Vê que não fará diferença alguma?

O nativo sorriu, curvou-se, apanhou outra estrela-do-mar e, ao arremessá-la de volta ao mar, replicou:

— Fez diferença para essa!

FALA, FERNANDINHO...

Essa pequena parábola serve para aqueles estudantes que se veem – no meio do seu ano de estudos – desesperados com tanta matéria acumulada, com coisas demais para fazer, sem que haja suficiente tempo para tal.

O excesso de atividades pendentes leva ao bloqueio. Uma vez bloqueado, o aluno pensa que não sairá mais do canto... e realmente não sairá, se ficar pensando como o interlocutor da historinha. Ao contrário, o que deve ser feito é encarar cada problema ou conteúdo atrasado como uma das estrelas-do-mar ancoradas na areia: se uma só for salva, já foi uma; se forem duas, melhor; sendo três, quatro, cinco... cinquenta, mil... tanto melhor! Faça isto! Salve uma de cada vez, liberte-se dos fantasmas lenta e paulatinamente, sem pressa... mas com determinação!

Outra interpretação da parábola – também aplicável à situação dos que vão prestar ENEM, vestibular ou concurso – é o fato de que pequenos gestos seus, aparentemente sem grande importância, podem ser fundamentais para a salvação de outrem. Poucas vezes pensamos na importância de chegar à escola sorrindo, de braços abertos, falando de paz, de alegria, de futuras vitórias, de vida. Isso é salvador e muda o rumo da história de muita gente.

Seja conhecido – se bem que nem sempre reconhecido – pela sua incansável luta pelo bem comum, lançando ao mar do sucesso, do crescimento pessoal, todos os seus colegas que estejam ancorados na praia da insegurança.

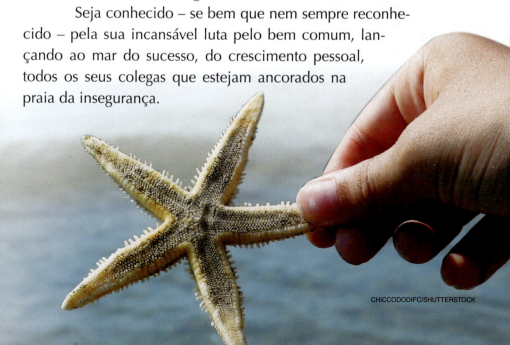

CHICCODODIFC/SHUTTERSTOCK

Gestão por

resultados

DIZ A LENDA...

Em uma pequena cidade havia dois homens com mesmo nome: José da Silva. O primeiro era taxista; o segundo, o vigário da cidade. Por coincidência, morreram no mesmo dia e chegaram ao Céu quase na mesma hora.

O primeiro José que chegou ao Céu foi o taxista, a quem São Pedro parabenizou, convidou para entrar e ainda lhe deu um posto de destaque.

Logo em seguida chegou o sacerdote, a quem São Pedro também parabenizou e convidou a adentrar no Céu. Para este, porém, o nosso querido Santo reservou um lugarzinho qualquer, sem destaque, quase nos fundos.

O vigário falou:

— Desculpe, São Pedro, mas deve haver algum engano. Eu sou o José da Silva, o Vigário, o Padre Zé.

— Sim, meu filho, ganhaste o paraíso. Todos aqui lhe recebem com grande alegria...

— Não, não pode ser! Eu conheço o outro José. Ele era taxista, era um desastre: dirigia embriagado, não prestava atenção à sinalização, corria muito, batia com o carro quase toda semana... até me atropelou uma vez (e eu o perdoei, juro!). Quanto a mim, o Senhor sabe, fui padre da cidade por quarenta longos anos, rezei missa todos os dias, fiz penitência, fiz mais de 5 mil sermões em minha vida e agora fico relegado a um segundo plano? Deve haver algum engano.

— Não, meu filho, é isso mesmo. Aqui no Céu, estamos efetuando uma gestão como a que está na moda agora na Terra.

— Como assim, São Pedro? O senhor pode me explicar?
— Claro. Adotamos a gestão baseada nos resultados. É mais ou menos assim: durante os últimos quarenta anos, você pregava e as pessoas adormeciam, ao passo que, toda vez que o José do táxi guiava o seu veículo, as pessoas começavam a rezar. É a gestão de resultados.

FALA, FERNANDINHO...

Para um estudante, vestibulando ou concurseiro, esse texto traz uma mensagem importante: é necessário adotar medidas que funcionem, não apenas que nos agradem. É fundamental participar do maior número possível de avaliações, testes e provas durante sua preparação... e o principal: é fundamental usar os resultados como base para a tomada (ou retomada) de posicionamento.

Seja objetivo, focado, realista. Descubra o modo mais eficiente – que nem sempre é o mais agradável – de aumentar a sua produtividade. Para uns, estudar pela manhã é um suplício e não funciona, não dá resultado; para outros, essa é a hora mais produtiva do dia. Para uns, debater com amigos traz dispersão; para outros, motivação. Enfim, utilize o conceito de gestão por resultados e melhore sobremaneira o seu desempenho geral.

Não preciso ter

superpoderes

DIZ A LENDA...

O Imperador Mahmud El-Ghazna passeava um dia com o sábio Ahmad Mussain, que tinha reputação de ler pensamentos. O Imperador, havia algum tempo, vinha tentando que o sábio fizesse diante dele uma demonstração de sua capacidade, mas ele se recusava. Então, o Imperador decidiu recorrer a um ardil para que o sábio, sem o perceber, exercesse seus extraordinários dotes na sua presença.

— Ahmad – chamou o Imperador.

— Que desejas, Senhor?

— Qual é o ofício do homem que está perto de nós?

— Carpinteiro.

— Como ele se chama?

— Ahmad, como eu.

— Será que comeu alguma coisa doce recentemente?

— Sim, comeu.

Chamaram o homem e ele confirmou tudo o que o sábio disse.

— Tu – disse o Imperador – te recusastes a fazer uma demonstração dos teus poderes na minha presença. Percebestes que te forcei, sem que o notasses, a demonstrar tua capacidade, e que o povo te transformaria em um santo se eu contasse em público as revelações que me fizestes? Como é possível que continues ocultando a tua condição de sufi e pretendas passar por um homem qualquer?

— Admito que posso ler pensamentos – concordou Ahmad –, mas o povo não percebe quando faço isso. Minha dignidade e meu amor-próprio não me permitem exercer esse dom com propósitos frívolos. Por isso meu segredo continua ignorado.

— Mas admites que agora mesmo acabas de usar teus poderes?
— Não, absolutamente não.
— Então como pudeste responder minhas perguntas acertadamente?
— Facilmente, Senhor. Quando me chamaste, esse homem virou a cabeça, o que me indicou que seu nome era igual ao meu. Deduzi que era carpinteiro porque, neste bosque, só dirigia o olhar para árvores aproveitáveis. E sei que acabara de comer alguma coisa doce, porque vi que estava espantando as abelhas que procuravam pousar nos seus lábios. Lógica, meu Senhor. Nada de dons ocultos ou especiais.

FALA, FERNANDINHO...

Ninguém precisa de superpoderes quando sabe usar a inteligência, a lógica, a dedução. Exercite isso todos os dias. Evite fórmulas prontas, decoradas. Fuja das soluções milagrosas, instantâneas. Seja curioso, atento, antenado. Pergunte tudo o que não souber e dê sempre a sua opinião sincera quando alguém pedir.

Participe ativamente de jogos, brincadeiras e atividades coletivas. Faça cálculos mentais a todo instante, do tipo: quantas letras tem o seu nome? Quantas vogais? Quantos quadros há nas paredes da sua casa? Essas coisas "simples" podem, sim, aumentar sua capacidade lógica, melhorar seu raciocínio e dar-lhe melhor desempenho em provas e testes que aparentemente – só aparentemente – nada têm a ver com isso.

Ensinando um
cavalo a voar

DIZ A LENDA...

Um velho rei da Índia condenou um homem à forca.
Assim que terminou o julgamento, o condenado pediu:

— Vossa Majestade é um homem sábio, e curioso com tudo que os seus súditos conseguem fazer. Respeita os gurus, os sábios, os encantadores de serpentes, os faquires. Pois bem: quando eu era criança, meu avô me transmitiu a técnica de fazer um cavalo voar. Não existe mais ninguém neste reino que saiba isto, de modo que minha vida deve ser poupada.

O rei imediatamente mandou trazer um cavalo.

— Preciso ficar dois anos com este animal, disse o condenado.

— Você terá mais dois anos, respondeu o rei já meio desconfiado. — Mas, se este cavalo não aprender a voar, você será enforcado.

O homem saiu dali com o cavalo, feliz da vida. Ao chegar em casa, encontrou toda a sua família em prantos.

— Você está louco? – gritavam todos. — Desde quando alguém desta casa sabe como fazer um cavalo voar?

— Não se preocupem, porque a preocupação nunca ajudou ninguém a resolver seus problemas – respondeu ele. — E eu não tenho nada

a perder, será que vocês não entendem? Primeiro, nunca alguém tentou ensinar um cavalo a voar, e pode ser que ele aprenda. Segundo, o rei está muito velho, e pode morrer nestes dois anos. Terceiro, o animal também pode morrer, e eu conseguirei mais dois anos para treinar um novo cavalo. Isso sem contar a possibilidade de revoluções, golpes de Estado, anistias gerais. Finalmente, se tudo continuar como está, ganhei dois anos de vida para fazer tudo o que tenho vontade: vocês acham pouco?

FALA, FERNANDINHO...

Você está se sentindo pressionado por todo o mundo? Ouve todos os dias que tem obrigação de passar de ano, de entrar na faculdade, de conseguir uma promoção? Então, você está com a corda no pescoço. O que fazer? Diga que vai fazer um cavalo voar, só precisa de um tempo, ou seja, diga que tem certeza de que vai conseguir, só precisa de um tempo. Nesse momento, você deve estar pensando: e se eu não conseguir? O que será do meu futuro?

O seu futuro só vai acontecer no futuro e, daqui para o futuro, muita coisa pode acontecer, senão veja: primeiro, pode ser que você passe, e tudo estará resolvido; segundo, pode ser que você não passe, mas fique com uma boa nota e impressione a todos os que hoje lhe pressionam; terceiro, pode ser que você não passe, mas que muitos dos seus colegas também não passem – por causa de provas com questões mal formuladas, por exemplo – e isso sirva para aplacar as cobranças que lhe são dirigidas; quarto, pode ser que você nem faça as provas por causa de algum fato novo na sua vida pessoal, familiar, nacional, mundial... quem sabe?

Por fim, pode ser ainda que nos próximos meses você conheça alguém – um novo amor, um amigo importante – que acabe por dar novo rumo a sua vida, talvez por um caminho que nem sequer passe por fazer ou não provas de ENEM ou de vestibular. Enquanto isso, vá galopando feliz em seu cavalo.

Uma observação: não use estas palavras para se omitir, para deixar de lado suas responsabilidades. **Faça a sua parte, sempre.**

Sobre dragões e *formiguinhas*

DIZ A LENDA...

Zhuangzi, um célebre autor chinês, conta a história de Zhu Pingman, que foi procurar um mestre para aprender a melhor maneira de matar dragões.

O mestre treinou Pingman por dez anos seguidos, até que este conseguiu desenvolver – à perfeição – a técnica mais sofisticada de matar dragões.

A partir daí, Pingman passou o resto da vida procurando dragões, a fim de que pudesse mostrar a todos sua habilidade: para sua decepção, nunca encontrou nenhum.

O autor da história comenta: "Todos nós nos preparamos para matar dragões, e terminamos sendo devorados pelas formigas dos detalhes, às quais nunca prestamos atenção".

FALA, FERNANDINHO...

Essa fábula maravilhosa é perfeitamente aplicável ao que ocorre na maioria das provas, com quase todos os alunos. Estes ficam se prendendo em detalhes exagerados, iludem-se com enunciados complexos, com gráficos pouco esclarecedores, com figuras malfeitas, com cálculos astronômicos, com textos intermináveis e não percebem que tudo isso não passa de uma mínima parcela da sua prova, não veem que a maior parte da prova é feita de questões simples, fáceis, acessíveis. Vivem de espada em punho para matar dragões e são devorados por milhares de formiguinhas.

Quanto pesa um *copo d'água?*

DIZ A LENDA...

Um conferencista falava sobre gerenciamento da tensão. Levantou um copo com água e perguntou à plateia:

— Quanto vocês acham que pesa este copo d'água?

As respostas variaram entre 20 g e até 500 g.

O conferencista, então, comentou:

— Não importa o peso absoluto. Depende de por quanto tempo eu vou segurá-lo. Se eu o segurar por um minuto, tudo bem. Se o segurar durante uma hora, provavelmente terei uma dor no meu braço. Se eu o segurar durante um dia inteiro, você terá de chamar uma ambulância para me socorrer. O copo tem exatamente o mesmo peso sempre, mas quanto mais tempo eu o segurar, mais pesado ele me parecerá.

BONNONTAWAT/SHUTTERSTOCK

E concluiu:

— Se carregamos nossos pesos o tempo todo, mais cedo ou mais tarde, nós não seremos mais capazes de continuar, a carga irá se tornando crescentemente mais pesada. O que você tem de fazer é deixar o copo em algum lugar e descansar um pouco antes de segurá-lo novamente.

Precisamos deixar a carga de lado periodicamente, do jeito que for possível! Isso é reconfortante e nos torna capazes de continuar nossa jornada.

Antes de você voltar do trabalho para casa hoje à noite, deixe o peso do trabalho em um canto. Não o carregue para casa. Você poderá recolhê-lo amanhã.

FALA, FERNANDINHO...

Essa história serve para ilustrar a importância do repouso, do descanso. Isso mesmo. Não se faça de herói. Não queira bancar o super-homem que não precisa dormir, que não descansa nunca. Isso não só não ajuda, como atrapalha demais.

Uma noite de sono, um cochilo às vezes, uma parada, sempre faz bem. Claro que não estou fazendo propaganda da preguiça, da moleza. Apenas chamo sua atenção para o fato de que um simples problema pessoal pode tomar uma dimensão enorme se for mantido na nossa linha de pensamento contínuo e, para quebrar esse ciclo, vale a pena dar uma paradinha, quebrar o gelo, dormir e sonhar.

O lençol *sujo*

DIZ A LENDA...

Um casal, recém-casado, mudou-se para um bairro tranquilo.

Na primeira manhã que passavam na casa, enquanto tomavam café, a mulher reparou através da janela em uma vizinha que pendurava lençóis no varal e comentou com o marido:

— Que lençóis sujos ela está pendurando no varal! Está precisando de um sabão novo. Se eu tivesse intimidade, perguntaria se ela quer que eu a ensine a lavar as roupas!

O marido observou calado.

Alguns dias depois, novamente, durante o café da manhã, a vizinha pendurava lençóis no varal e a mulher outra vez comentou com o marido:

— Nossa vizinha continua pendurando os lençóis sujos! Se tivesse intimidade, perguntaria se ela quer que a ensine a lavar suas roupas!

E assim, a cada dois ou três dias, a mulher repetia seu discurso, enquanto a vizinha pendurava suas roupas no varal.

Passado um tempo, a mulher se surpreendeu ao ver os lençóis muito brancos sendo estendidos, e empolgada foi dizer ao marido:

— Veja, ela aprendeu a lavar as roupas. Será que outra vizinha ensinou??? Porque eu não fiz nada.

O marido calmamente respondeu:

— Não, hoje eu levantei mais cedo e lavei os vidros da nossa janela!

E assim é. Tudo depende da janela através da qual observamos os fatos!

Eu, um vencedor **55**

FALA, FERNANDINHO...

É preciso fazer uma faxina constante nos "vidros das nossas janelas"; não as janelas da nossa casa, mas as janelas da nossa alma.

Precisamos tomar cuidado com o modo como enxergamos as falhas dos outros, sobretudo quando nós achamos que estamos certos e os outros, às vezes todos os outros, estão errados. Nem sempre a maioria está certa, mas a sua opinião terá sempre valor. Ouça primeiro, fale depois. Veja, pense e depois atue. Pare. Olhe. Siga.

Como é frequente ver alunos que se desesperam quando não compreendem bem determinado tópico ou não conseguem assimilar algum assunto! Como eles ficam bloqueados por não saber uma simples questão!

Lave os olhos, limpe a vista, peça a alguém para lhe ajudar. **Não acredite na dificuldade.**

Afiando o seu *machado*

DIZ A LENDA...

No Alasca, um esporte tradicional é cortar árvores. Há lenhadores famosos, com domínio, habilidade e energia no uso do machado. Querendo tornar-se também um grande lenhador, um jovem escutou falar do melhor de todos os lenhadores do país. Resolveu procurá-lo.

— Quero ser seu discípulo. Quero aprender a cortar árvores como o senhor.

O jovem empenhou-se no aprendizado das lições do mestre, e depois de algum tempo achou-se melhor que ele. Mais forte, mais ágil, mais jovem, venceria facilmente o velho lenhador. Desafiou o mestre para uma competição de 8 horas para ver qual dos dois cortaria mais árvores.

O desafio foi aceito, e o jovem lenhador começou a cortar árvores com entusiasmo e vigor. Entre uma árvore e outra, olhava para o mestre, mas na maior parte das vezes o via sentado. O jovem voltava às suas árvores, certo da vitória, sentindo piedade pelo velho mestre.

Quando terminou o dia, para grande surpresa do jovem, o velho mestre havia cortado muito mais árvores do que seu desafiante.

— Mas como é que pode? – surpreendeu-se. — Quase todas as vezes em que olhei, você estava descansando!

— Não, meu filho, eu não estava descansando. Estava afiando o machado. Foi por isso que você perdeu.

FALA, FERNANDINHO...

Aprendizado é um processo que não tem fim. Sempre temos algo a aprender. O tempo utilizado para afiar o machado é recompensado valiosamente. O reforço no aprendizado, que dura a vida toda, é como afiar sempre o machado. Continue afiando o seu.

Muitos alunos acham que é perda de tempo fazer um simulado, montar um resumo, conversar sobre temas que entrelaçam duas ou mais matérias – os temas transversais –, enquanto outros acreditam que a melhor estratégia é estudar apenas algumas matérias – que eles chamam de "matérias-chave" –, dando menos importância às outras, ou ainda pensam estar fazendo um bom negócio ao virar as noites, debruçados sobre os livros.

Todos eles estão redondamente enganados!

O ato de afiar o machado, citado na nossa historinha, pode ser entendido como qualquer coisa que não seja diretamente produtiva, mas pode ser que tenha como resultante um aumento indireto na nossa produtividade.

Desse modo, fique sabendo que, enquanto "tem um oriental estudando", deve haver, também, outro fazendo um origami e outro ainda cultivando um bonsai; é possível que os três estejam certos, pois o aumento do rendimento de cada um depende de fatores não lineares, não necessariamente idênticos.

Pode ser que o seu machado seja afiado com uma revisão, o do seu colega, com uma meditação e o de outra pessoa, com uma boa soneca... descubra como afiar o seu!

A girafa-mãe faz *o filho sofrer*

DIZ A LENDA...

O parto da girafa é feito com ela em pé, e o recém-nascido sofre uma queda de aproximadamente dois metros de altura.

Ainda tonto, o recém-nascido tentar firmar-se nas quatro patas, mas a mãe tem um comportamento estranho: ela dá um leve chute, e a girafinha cai de novo ao solo. Tenta levantar-se, e é de novo derrubada. O processo se repete várias vezes, até que o recém-nascido, exausto, já não consegue mais ficar em pé. Nesse momento, a mãe novamente o instiga com a pata, forçando-o a levantar-se. E já não o derruba mais.

A explicação é simples: para sobreviver aos animais predadores, a primeira lição que a girafa deve aprender é a levantar-se rápido.

A aparente crueldade da mãe encontra apoio em um provérbio árabe: "Às vezes, para ensinar algo bom, é preciso ser um pouco rude".

FALA, FERNANDINHO...

Em quanto tempo você é capaz de se levantar? Como reage a uma prova ruim, uma nota baixa, uma questão injusta ou fora do programa? Você acha que estará imune a essas quedas? Não. Claro que você – como todos – também encontrará pedras em seu caminho, também tropeçará, e cairá feio. Nesse instante é que fará diferença a atitude aprendida com as quedas, que você usará a couraça protetora que desenvolveu quando seus professores lhe fizeram "sofrer" com algumas provas pesadas; é nessa hora que você compreenderá que muitas das "picadas de agulha" que recebeu na infância eram apenas vacinas poderosas contra os grandes males que enfrentaria um dia.

Retratando a verdade
e superando limites

DIZ A LENDA...

Um aprendiz pediu ao mestre que lhe mostrasse a melhor maneira de dizer a verdade. O mestre contou-lhe a seguinte história:

"Tamerlão, o Coxo, poderoso rei bárbaro do século XIII, era um soberano muito cheio de si e cônscio das deferências de que se julgava credor por parte de todos os súditos. Ele tinha uma particularidade física notável: um grande e monstruoso nariz, o que muito o aborrecia. Por isso, jamais tinha se deixado retratar.

Quando, porém, já estava idoso, seu filho e sucessor, preocupado com a possível ausência da efígie do pai na galeria real, tanto instou que conseguiu dele a anuência para retratá-lo. O monarca estabeleceu uma condição: só aceitaria o retrato, como sua estampa oficial, se encontrasse um artista que o pintasse a contento. E os artistas que tripudiassem sua imagem seriam executados, conforme a tradição do reino, na forca.

Aceita a condição, editais foram espalhados por todo o reino, convocando os artistas para a importante e perigosa tarefa. Não obstante o risco, três se apresentaram para tentar o que seria a suprema obra de sua vida e ganhar assim fama, reconhecimento e muitas moedas de ouro. Justamente os três melhores mestres da arte pictórica do reino se apresentaram.

O primeiro retratou o monarca tal e qual, com o narigão enorme e tudo. O rei, vendo o quadro acabado, embora admirando o gênio artístico, enfureceu-se com a figura horrenda e mandou enforcar o infeliz artista.

Veio o segundo e, temeroso, pintou o rei fielmente, com exceção do aberrante apêndice nasal, em cujo lugar colocou irrepreensível narizinho. O soberano, sentindo-se ridicularizado, assinou igualmente a pena capital do segundo, sem comiseração.

Chegou a vez do terceiro, o qual, habilidoso, conhecendo a paixão do rei pela caça, retratou-o portando um arco apontando para uma raposa, de tal modo que o antebraço que segurava a parte do arco que lança a flecha tapava-lhe justamente o nariz. Vendo o resultado do trabalho, o monarca sorriu satisfeito e recompensou-o generosamente."

Depois, o mestre explicou para seu aluno:

— Existem três atitudes possíveis em relação à verdade: a primeira é a franqueza rude, contundente, que não hesita em expor toda a realidade dos fatos, doa a quem doer. Os partidários dessa atitude podem revelar o mérito da coragem e do desinteresse, mas tiram nota zero em relações humanas.

E continuou:

— A segunda atitude é a hipocrisia interesseira. Os deste grupo podem revelar inteligência e engenhosidade para distorcer os fatos, a fim de agradar àqueles a quem desejam conquistar. A terceira é a dos partidários da verdade construtiva, que evidenciam o que é útil, edificante e elegante, omitindo sutilmente os aspectos desagradáveis da vida do próximo.

GRAL/SHUTTERSTOCK

FALA, FERNANDINHO...

Você já tinha pensado nisso? E como gostaria que lhe fossem ditas as "verdades"?

Claro que não há uma regra única, mas, na vida de um vestibulando, conviver com algumas "verdades inconvenientes" é relativamente comum, como nos casos a seguir.

Muitos se descobrem inseguros, fracos de ânimo, de coragem... e realmente o são. Caberá ao orientador, aos amigos e aos pais mostrar o problema, explicando sua possível solução: insegurança se combate com elogio verdadeiro, com amor, com presença firme.

Existem os que se descobrem incompetentes, sem base... e isso é um problemão. Não é fácil resolver em alguns meses – ou em poucos anos, nos casos mais graves – uma falta de base que vem de longe. Quem nunca estudou, quando começa a estudar, precisará ter muita paciência e persistência para superar os anos de marasmo.

Existem ainda – e felizmente são poucos – os que percebem sua incapacidade para aprender ou algum bloqueio para aprender... e isso é muito grave. Não podemos resolver isso com conselhos, palavras ou remédios. A solução, em geral, passa pela ajuda profissional – psiquiátrica ou psicológica –, o que é quase sempre difícil, às vezes caro, e frequentemente rejeitado pela pessoa e/ou pela família. Por favor, não me diga que todos são igualmente inteligentes e capazes, que todos são iguais, pois não o são.

A verdade é que todos podem crescer, vencer, superar limites, alcançar metas impensáveis... mas a forma de caminhar e a velocidade como isso ocorre variam muito de pessoa para pessoa.

DEAN DROBOT/
SHUTTERSTOCK

Teoria do
acerto e erro

DIZ A LENDA...

Capítulo 1

Vou andando pela rua.
Há um grande buraco na calçada.
Caio.
Estou perdido... Não sei o que fazer.
Não é culpa minha.
Demoro séculos para sair.

Capítulo 2

Caminho pela mesma rua.
Há um grande buraco na calçada.
Faço de conta que não o vejo.
Volto a cair.
Não posso crer que haja caído no mesmo buraco.
Mas não é culpa minha.
Levo bastante tempo para sair.

Capítulo 3

Ando pela mesma rua.
Há um grande buraco na calçada.
Está ali.
Caio... é uma rotina, mas tenho os olhos bem abertos.
Sei onde estou.
É culpa minha.
Saio rapidamente.

Eu, um vencedor **63**

Capítulo 4

    Vou pela mesma rua.
    Há um grande buraco na calçada.
    Esquivo-me.

Capítulo 5

    Vou por outra rua.

FALA, FERNANDINHO...

    Fantástica essa história! Como queria conhecer a sua autoria.
    Poucas vezes vi uma síntese tão contundente sobre o eficiente mecanismo de acerto e erro ou de autocondicionamento para o sucesso. É por aí, mesmo!
    Veja que erros começam como acidentes inevitáveis e terríveis; a sua repetição, contudo, começa a me sacudir por dentro; sua continuidade é inaceitável e exige ação imediata; se ainda continuo errando, a culpa é minha e acabar com o erro será prioridade número um; evitando a repetição de erros, teremos acertos mil!
    Aproveito essa história para lhes instigar: faça questões, muitas delas, todos os dias. Erre, erre muito! Não sofra com seus erros, aprenda com eles.

O futuro está aí, *atrás de você!*

DIZ A LENDA...

Um mestre perguntou ao seu discípulo:

— O que tem feito para encontrar a felicidade, o equilíbrio, a paz?

A resposta veio de imediato:

— Tenho estudado muito, tenho dedicado todas as horas do dia e da noite em busca dos meus sonhos, tenho lutado incansavelmente pelo meu futuro.

Disse-lhe, então o mestre:

— Obstinação em excesso pode cegar. Pare um pouco, reflita, contemple a beleza do caminho... Algumas vezes estamos à frente do nosso sonho e, nesse caso, quanto mais corremos menos chances temos de que ele nos alcance.

FALA, FERNANDINHO...

Muitos candidatos ao ENEM, concursos ou vestibulares preocupam-se tanto em estudar que não se permitem, sequer, uns momentos de prazer, de relaxamento. Alguns vivem em um mundo tenebrosamente sórdido, seco, sem emoção, sem vida... tudo é livro, prova, estudo, nota, competição. Há casos de estudantes que nem sequer aceitam conviver com um colega mais extrovertido, mais leve, mais feliz. Isso é péssimo.

Não só não há problema algum em viver alguns momentos de brincadeira durante o período de preparação para os exames, como isso pode ajudar muito, muito mais do que parece. Encontre, pois, um tempinho em seu dia a dia para falar de amor, para demonstrar carinho pelas pessoas, para ser feliz.

Eu, um vencedor

Nunca perco um *bom negócio*

DIZ A LENDA...

Nasrudin tinha tanta coisa contra seu jumento que o mais óbvio a fazer seria vendê-lo para poder arranjar outro. Então, foi ao mercado, encontrou o leiloeiro e entregou-lhe o jumento para que fosse vendido.

Quando o animal foi exposto à venda, lá estava Nasrudin de prontidão.

— E o próximo lote – anunciou o leiloeiro – é este soberbo, inigualável, maravilhoso jumento. Quem dá o primeiro lance, oferecendo cinco moedas de ouro?

"Só cinco moedas de ouro por um jumento?", impressionou-se Nasrudim. Então ele mesmo abriu o leilão. À medida que o preço ia ficando mais e mais alto, com o leiloeiro apregoando a cada lance as maravilhas daquele jumento, Nasrudin foi ficando mais e mais ansioso por comprá-lo. Afinal, a disputa concentrou-se em Nasrudin e em um fazendeiro. Assim que se alcançou o lance de quarenta moedas de ouro, o leiloeiro bateu o martelo e o jumento foi arrematado por Nasrudin.

Pagou ao leiloeiro a comissão de um terço e ficou com a parte do dinheiro que correspondia ao vendedor; então, tomou posse do jumento conforme cabia ao comprador fazê-lo. O jumento talvez valesse umas vinte moedas de ouro. Ou seja, Nasrudin ficou sem um tostão, mas tinha comprado um jumento cujos méritos ignorara, conforme agora se dava conta, até que tivessem sido tão brilhantemente retratados pelo leiloeiro da cidade.

— Nunca perco um bom negócio – disse.

FALA, FERNANDINHO...

É impressionante o quanto não valorizamos aquilo que possuímos. Assim ocorre com a saúde, com as oportunidades, com as amizades, com as pessoas que amamos... com quase tudo. É bem comum percebermos a verdadeira dimensão de um amor, quando este já é findo; é natural valorizar a saúde quando estamos privados dela; é frequente perceber grandes oportunidades, quando já não as existem mais.

Tome isso como lição. Dê valor a tudo o que possui, tirando proveito disso, até mesmo em seus estudos. Se está em uma escola rígida, use isso a seu favor; se domina um idioma estrangeiro, sinta-se mais forte; se é do tipo que não tem muito sono mesmo, aproveite para estudar mais à noite; se vai abraçar alguém, que seja apertado; se vai chorar, que seja muito; se é hora de comer um doce, viva essa delícia.

Enfim, faça de tudo o que é seu motivo de orgulho! Não espere que outros deem o devido valor às coisas que você tem, antes que você mesmo se dê conta disso. Se é seu, é bom!

Aprendendo a aprender:
lição difícil

DIZ A LENDA...

Cheng era o discípulo de um sábio monge de nome Ling. Um dia, quando Cheng acreditava estar pronto para assumir a condição de liderar seu povo, foi conversar com seu mestre, que lhe disse:

— Observe este rio. Qual é a importância dele?

Eles se encontravam no alto de uma montanha. Cheng observou o rio, o seu vale, a vila, a floresta, os animais e respondeu:

— Este rio é a fonte do sustento de nossa aldeia. Ele nos dá a água que bebemos, os frutos das árvores, a colheita da plantação, o transporte de mercadorias, os animais que estão ao nosso redor e muito mais. Nossos antepassados construíram estas casas aqui, justamente por causa dele. Nosso futuro também depende deste rio.

O monge Ling colocou a mão na cabeça do discípulo e pediu-lhe que continuasse a observar.

Os meses se passaram e o mestre procurou Cheng.

— Observe este rio. Qual é a importância dele?

— Este rio é fonte de inspiração para nosso povo. Veja sua nascente: ela é pequena e modesta, mas, com o curso do rio, a correnteza torna-se forte e poderosa. Este rio nasce e tem um objetivo: chegar ao oceano, mas para lá chegar terá de passar por muitos lugares e por muitas mudanças. Terá de receber afluentes, contornar obstáculos. Como o rio, temos de aprender a fluir. O contorno do rio é definido pelas suas margens, assim como nossa vida é influenciada pelas pessoas com as quais convivemos. O rio sem as suas margens não é nada. Sem nossos amigos e familiares, também não somos nada. O rio nos ensina, ainda, que uma curva pode ser a solução de um problema, porque logo depois podemos encontrar um vale que desconhecíamos. O rio tem suas cachoeiras, suas turbulências, mas continua sempre em frente porque tem um objetivo. Ensina-nos que uma mudança imprevista pode ser uma oportunidade de crescimento. Veja no fim do vale: o rio recebe um novo afluente e, assim, torna-se mais forte.

O monge Ling colocou a mão na cabeça do discípulo e pediu-lhe que continuasse a observar. Os meses se passaram e novamente o mestre perguntou:

— Observe este rio: qual é a importância dele?

— Mestre, vejo o rio em outra dimensão. Vejo o ciclo das águas. Esta água que está indo já virou nuvem, chuva e penetrou na terra diversas vezes. Ora há seca, ora enchente. O rio nos mostra que, se aprendermos a perceber esses ciclos, o que chamamos de mudança será apenas considerada como continuidade de um ciclo.

O mestre colocou a mão na cabeça do discípulo e pediu-lhe que continuasse a observar. Os meses se passaram e o mestre voltou a perguntar a Cheng:

— Observe este rio, qual é a importância dele?

— Mestre, este rio me mostrou que, cada vez que o observo, aprendo algo novo. É observando que aprendemos. Não aprendo quando as pessoas me dizem algo, mas sim quando as coisas fazem sentido para mim.

O mestre sorriu e disse-lhe com serenidade:

— Como é difícil aprender a aprender. Vá e siga seu caminho.

FALA, FERNANDINHO...

Por mais que os seus professores sejam bons, por mais que você disponha dos melhores livros, do ambiente de estudo mais adequado, por mais que você seja inteligente e esforçado, não haverá aprendizado se você não encontrar um significado para as coisas que aprender.

Aprender, de verdade, não é estudar, nem mesmo saber... é conhecer, é utilizar, é praticar, é viver um conceito. Caso contrário, tudo cairá no esquecimento.

Eu, um vencedor **69**

Esvaziando a *própria mala*

DIZ A LENDA...

Conta-se que um homem caminhava vacilante pela estrada, levando uma pedra em uma mão e um tijolo na outra. Nas costas carregava um saco de terra; em volta do peito trazia cachos de uvas pendurados. Sobre a cabeça equilibrava uma abóbora pesada.

Pelo caminho encontrou um transeunte que lhe perguntou:

— Cansado viajante, por que carrega essa pedra tão grande?

— É estranho – respondeu o viajante –, mas eu nunca tinha realmente notado que a carregava.

Então, ele jogou a pedra fora e se sentiu muito melhor.

Em seguida, veio outro transeunte, que lhe perguntou:

— Diga-me, cansado viajante, por que carrega essa abóbora tão pesada?

— Estou contente que me tenha feito essa pergunta – disse o viajante –, porque não tinha percebido o que estava fazendo comigo mesmo.

Então ele jogou a abóbora fora e continuou seu caminho com passos muito mais leves.

Um por um, os transeuntes lhe foram avisando a respeito de suas cargas desnecessárias. E ele as foi abandonando uma a uma. Por fim, tornou-se um homem livre e caminhou como tal.

Qual era, na verdade, o problema dele? A pedra, a abóbora e outras tralhas? Não. Era a falta de consciência da existência delas. Uma vez que as viu como cargas desnecessárias, livrou-se delas bem depressa e já não se sentia mais tão cansado. Esse é o problema de muitas pessoas. Elas estão carregando cargas sem perceber. Não é de estranhar que estejam tão cansadas!

O que são algumas dessas cargas que pesam na mente de um homem e que roubam suas energias? São pensamentos negativos. Culpar e acusar outras pessoas. Permitir que impressões dos outros definam quem somos. Carregar uma falsa carga de culpa por coisas que não poderia ter evitado. Acreditar que não existe saída.

Todo o mundo tem o seu tipo de carga especial, que rouba energia. Quanto mais cedo começarmos a descarregá-la, mais cedo nos sentiremos melhor e caminharemos mais levemente.

FALA, FERNANDINHO...

O cansaço físico e o esgotamento mental são uma constante na vida dos vestibulandos ou dos que se preparam para quaisquer concursos ou provas, como o ENEM, por exemplo. São fruto de muita atividade, mesmo. Todos se sentem desgastados pela labuta, pela rotina, pela incerteza do sucesso. Mas o que nos mostra a pequena história acima é que parte do nosso cansaço vem de "penduricalhos" que carregamos sem necessidade alguma.

Pense bem se você não carrega alguns fardos desnecessários! Carrega algum sentimento de culpa pelo que não fez? Leva nos ombros toneladas de pensamentos negativos? Acredita mesmo que não haja saída?

Até mesmo no plano físico isso acontece. Quer ver? Então faça as contas de quanto pesam os livros, o *tablet*, os jogos, o uniforme do time que você carrega de um lado para outro, mesmo sabendo que – naquele dia – não terá tempo para usar nada disso. Ora... deixe disso!

Eu, um vencedor **71**

Um mundo *globalizado*

DIZ A LENDA...

Era uma vez um gato, que vivia atrás de um rato, mas não conseguia alcançá-lo. Tentava de tudo: atalho, emboscada, ajuda de amigos... e nada.

Um belo dia, o gato resolveu tomar uma atitude inovadora, tentar algo mais original. Primeiro, perseguiu o ratinho utilizando o mesmo *modus operandi* de sempre: perseguição, corrida etc. até que o rato entrou em seu refúgio sagrado, a sua toca.

Disposto a pegar o ratinho de vez, o gato ficou escondido do lado de fora da toca e começou a imitar o latido de um cachorro.

O ratinho, lá dentro, ouviu os latidos e pensou: "... se o cachorro está latindo, é porque viu o gato, e o gato, com certeza, foi embora...

posso sair em segurança". Confiante em sua dedução, o ratinho saiu e foi apanhado rapidamente pelo bichano esperto. Quando já estava quase para ser devorado, o rato insistiu em uma última pergunta:

— Um instante, senhor gato, onde está o cachorro que eu ouvi latindo?

O gato, com ar superior e cínico, lhe respondeu:

— Em um mundo globalizado, quem não falar duas línguas não sobrevive.

FALA, FERNANDINHO...

Que história interessante. Que lição tiramos disso? É importante dominar coisas que outros não dominam; é importante fazer pelo menos um pouco mais do que a maioria; é fundamental não se contentar com a mesmice da galera. Assim, queridos estudandes, deem 100% e mais um pouco; façam as questões da tarefa de casa e mais uma, pelo menos uma, uma mísera questão que pode significar a diferença. Leiam uma paginazinha a mais antes de fechar o livro e serão, ao final de um ano, 365 páginas a mais... um livro inteiro!

SERGEY ZAYKOV/SHUTTERSTOCK

Controle de *qualidade*

DIZ A LENDA...

Nos Estados Unidos, a maioria das residências tem por tradição ter na frente um lindo gramado. E, para esse serviço, há diversos jardineiros autônomos que fazem reparos nos jardins.

Certo dia, determinado executivo de *marketing* de uma grande empresa americana contratou um desses jardineiros. Chegando em sua casa, o executivo viu que havia contratado um garoto de apenas 18 anos de idade. Claro que o executivo ficou surpreso.

Quando o garoto terminou o serviço, solicitou permissão ao executivo para utilizar o telefone. O executivo, encantado com a educação do jardineiro, prontamente atendeu ao pedido e, muito curioso com a atitude do garoto, não pôde deixar de escutar a conversa. O garoto havia ligado para uma senhora e perguntado:

— A senhora está precisando de um jardineiro?

— Não. Eu já tenho um – respondeu a senhora.

— Mas, além de aparar a grama, eu também tiro o lixo.

— Isso o meu jardineiro também faz.

— Eu limpo e lubrifico todas as ferramentas no final do serviço – disse o rapaz.

— Mas meu jardineiro também faz.

— Faço a programação de atendimento o mais rápido possível.

— O meu jardineiro também me atende prontamente.

— O meu preço é um dos melhores.

— Não, muito obrigado! O preço do meu jardineiro também é muito bom.

Quando o garoto desligou o telefone, o executivo lhe perguntou:

— Você perdeu um cliente?

— Não – respondeu o garoto. — Eu sou o jardineiro dela. Eu apenas estava verificando o quanto ela está satisfeita com meu serviço.

FALA, FERNANDINHO...

Essa história é demais. Podemos usá-la como pretexto para lembrarmos de revisar os assuntos que já sabemos, esta, sim, uma tática maravilhosa para quem pretende passar no ENEM, vestibular ou em concursos. Por dois motivos: primeiro, porque a revisão consolida os conceitos aprendidos; segundo, porque em uma revisão sempre percebemos alguns detalhes aos quais não tínhamos prestado atenção antes.

Assim, faça como o jovem jardineiro que mesmo tendo uma clientela garantida, não deixou de se certificar do quão adequado havia sido seu trabalho.

O canoeiro e o  filósofo

DIZ A LENDA...

Certo dia, um filósofo precisava atravessar um rio e para isso recorreu ao trabalho de um canoeiro. Durante a travessia, perguntou ao canoeiro se ele entendia de astronomia.

— Não, senhor – disse o canoeiro –, nunca ouvi falar nisso.

O filósofo disse:

— Sinto muito que você tenha desperdiçado a quarta parte da sua vida. Sabe alguma coisa de matemática, entende de números?

O canoeiro, coitado, abaixando as vistas, respondeu:

— Não, eu não!

Então, o filósofo tornou a dizer:

— Lamentavelmente, você perdeu outra quarta parte da sua vida, meu caro.

Logo depois, perguntou mais uma:

— Claro que não. Nunca fui à escola, respondeu o pobre homem já meio sem graça.

— É, amigo, quase toda a sua vida foi desperdiçada, que pena!

No momento em que conversavam, a canoa bateu em uma pedra, e o canoeiro, enquanto tirava a camisa para nadar até a margem do rio, perguntou ao filósofo:

— O senhor sabe nadar?

— Não – respondeu.

Sinto muito, o senhor desperdiçou toda a sua vida com essas coisas difíceis, e agora, em pouco tempo, a canoa vai afundar...

FALA, FERNANDINHO...

Essa pequena parábola vai diretamente para aqueles que pensam saber tudo, conhecer tudo, que acham que a vitória é apenas fruto do esforço, do conteúdo, da capacidade, do conhecimento. Não confunda conhecimento com sabedoria!

Além de estudar os conteúdos cobrados no programa, quantas coisas você domina? Sabe outro idioma? Gosta de dançar? Consegue se relacionar bem com os colegas? Conquista novos amigos com facilidade? Cultiva uma atmosfera de equilíbrio e respeito? Tem real interesse pelos problemas dos outros? É capaz de ouvir, mesmo quando precisa falar? Sabe apreciar uma boa refeição? Conhece um pouco sobre florestas, vinhos, bolsa de valores, gnomos, medicina, direito, teatro, magia...?

STEVE ESTVANIK/SHUTTERSTOCK

De que lado está seu *guarda-chuva?*

DIZ A LENDA...

Ao cabo de dez anos de aprendizagem, Zenno achava que já podia ser elevado à categoria de mestre zen. Em um dia chuvoso, foi visitar o famoso professor Nan-in. Ao entrar na casa de Nan-in, este lhe perguntou:

— Você deixou o seu guarda-chuva e seus sapatos lá fora?

— Evidentemente – respondeu Zenno. — É o que manda a boa educação. Eu agiria dessa maneira em qualquer lugar.

— Então me diga: você colocou o guarda-chuva do lado direito ou do lado esquerdo dos seus sapatos?

— Não tenho a menor ideia, mestre.

— O zen-budismo é a arte da consciência total do que fazemos – disse Nan-in. — A falta de atenção aos

pequenos detalhes pode destruir por completo a vida de um homem. Um pai que sai correndo de casa nunca pode esquecer um punhal ao alcance de seu filho pequeno. Um samurai que não olha todos os dias a sua espada terminará encontrando-a enferrujada quando mais precisar dela. Um jovem que esquece de dar flores para sua amada vai acabar por perdê-la.

E, assim, Zenno compreendeu que, embora conhecesse bem as técnicas zen do mundo espiritual, havia se esquecido de aplicá-las no mundo dos homens.

FALA, FERNANDINHO...

Esteja sempre atento aos detalhes, pois de pequenos deslizes é feita uma grande queda. Refaça os cálculos de cada questão, destaque, nos textos, as palavras-chave. Leia, com atenção e disciplina, todos os enunciados e o "pedido" das questões. Não se aprende disciplina sem exercitá-la, diariamente. Não se melhora a falta de atenção sem praticar exaustivamente atos repetitivos nos quais essa falta nos atraiçoa com frequência.

Quem quer *dinheiro?*

DIZ A LENDA...

Na cidade do interior onde cresci, Catende, havia um sujeito muito curioso, que era tratado como quase louco pelos habitantes locais. Era tido como um verdadeiro idiota, um desajuizado natural... sabe por quê? Porque todo domingo, dia de feira, ele ficava no meio da rua pedindo esmolas e as pessoas sempre lhe mostravam duas moedas de valores diferentes, mas ele – infantilmente – escolhia sempre a de menor valor, deixando passar a oportunidade de ganhar mais dinheiro.

Essa história durou muito tempo... meses, anos; nada mudava na vida daquele menino que era um misto de mendigo com bobo-da-corte.

Um dia, o padre da cidade, que era uma pessoa muito sensível, humana e justa, resolveu dar um basta nessa exploração. Chamou o menino para uma conversa e disse-lhe:

— Sempre que lhe oferecerem duas moedas, escolha a de maior valor. Assim terá mais dinheiro para ajudar sua pobre mãezinha e não será humilhado pelos outros nem considerado um idiota.

O menino respondeu:

— O senhor parece ter razão, mas, se eu escolher a moeda mais valiosa, as pessoas vão deixar de me oferecer dinheiro para provar que sou mais idiota que elas. O senhor não sabe quanto já ganhei usando esse truque; com ele sustento minha família há anos.

E acrescentou:

— Não há problema algum em se passar por idiota se você tem consciência de estar sendo inteligente e esperto.

FALA, FERNANDINHO...

Escrevi esse texto para enfatizar a importância, para os vestibulandos e concurseiros, de perguntar "bobagens". Sim, muitas bobagens, centenas delas, todos os dias.

Como professor há quase trinta anos, posso afirmar: muitos dos alunos que fazem as "perguntas absurdas" ou "estúpidas" ou "ridículas" são os futuros vencedores.

Assim, digo com propriedade: não guarde dúvidas por achar que elas são ridículas; tornar-se esperto e inteligente não é um prêmio, é um processo que exige – frequentemente – se passar por inocente para receber as pequenas moedas de conhecimento que farão a fortuna da sabedoria.

REDESCUBRA SEUS VALORES

NELOSA/SHUTTERSTOCK

Ética

Ainda que a vitória seja garantida, ainda que seu caminho seja repleto de sucesso, de resultados exitosos, de reconhecimento e brilhantismo... nenhum valor terão suas conquistas se elas forem construídas sobre um alicerce de lama, se você negligenciar a ética. Não aceite meio-termo... não nesse ponto.

Este capítulo é dedicado ao meu pai, que desde que eu era pequeno me fez acreditar nas pessoas, nos sonhos, na vida, repetindo, para mim, este misto de oração-mantra: "O homem de bem tem os dias de cão e as noites de anjo".

Nem todos são *inocentes*

DIZ A LENDA...

Um dia, o rei foi visitar a prisão do seu palácio e começou a ouvir as queixas dos presos:

— Sou inocente – disse um ladrão. — Vim para cá porque fui confundido com outra pessoa.

— Eu não fiz nada – disse um assassino. — Só estou aqui porque fui injustiçado pela corte.

Outro disse:

— Livre-me daqui, senhor rei. Eu não sou corrupto apenas por ter aceitado presentes que meus amigos me davam.

Todos os presos clamavam por inocência, mas um deles, um jovem rapaz magricela, disse:

— Sou culpado. Feri meu irmão em uma briga e mereço o castigo. Este lugar me faz refletir sobre o meu erro e sobre o mal que causei ao meu irmão.

O rei imediatamente chamou os guardas e ordenou:

— Expulsem este criminoso do calabouço imediatamente! Com tantos inocentes aqui, ele terminará por corrompê-los.

FALA, FERNANDINHO...

Esta é uma das lições mais difíceis, e também uma das mais importantes para quem quer vencer na vida. Reconheça suas falhas. Aceite suas limitações. Não culpe ninguém pelo seu insucesso. Analise constantemente suas atitudes e descubra quais delas o estão colocando para trás.

- Como você pode melhorar?
- Quais são seus pontos fracos?
- Que erros você comete com mais frequência?
- Será que você é do tipo apressadinho, que erra tudo por desatenção?
- Será que é do tipo arrogante, que cai por excesso de autoconfiança, não conferindo os cálculos?
- Será que é aquele que só faz o que quer, só estuda o que gosta?
- Faça um exame de consciência e descubra: onde e como eu posso melhorar? Quais são minhas maiores limitações?

OLLYY/SHUTTERSTOCK

A Verdade e a *Parábola*

DIZ A LENDA...

Um dia, a Verdade decidiu visitar os homens, sem roupas e sem adornos, tão nua como seu próprio nome. Visitou os quatro cantos da Terra... e todos que a viam lhe viravam as costas de vergonha ou de medo, e ninguém lhe dava as boas-vindas. Assim, a Verdade percorria os confins da Terra, criticada, rejeitada e desprezada.

Uma tarde, muito desconsolada e triste, encontrou a Parábola, que passeava alegremente, trajando um belo vestido e muito elegante.

— Verdade, por que está tão abatida? – perguntou a Parábola.

— Porque devo ser muito feia e antipática, já que os homens me evitam tanto! – respondeu a amargurada Verdade.

— Que disparate! – sorriu a Parábola. — Não é por isso que os homens evitam você. Tome. Vista algumas de minhas roupas e veja o que acontece.

Então, a Verdade pôs algumas das lindas vestes da Parábola, e, de repente, por toda a parte por onde passava era bem-vinda e festejada.

FALA, FERNANDINHO...

Aprender a encarar a verdade de frente é um dos desafios de todo estudante. Nem sempre é fácil aceitar nossas limitações, nossas imperfeições. Muitos preferem ouvir uma boa mentira em vez de uma verdade ruim.

Alguns fogem de provas e simulados, por medo; sabem – ou pensam que sabem – que o resultado não será satisfatório e por isso evitam as avaliações, os testes, os desafios e procuram – aí está o maior equívoco – deixar para ser avaliado quando se sentir mais seguro, mais confiante... o que, usando essa estratégia equivocada, jamais ocorrerá.

Há casos de alunos que fogem tanto da verdade que chegam a procurar até mesmo na sala de aula um lugarzinho escondido, longe das possíveis perguntas do professor, com quem fazem questão de evitar, até mesmo, uma troca de olhares.

Disse Jesus: "Conheça a verdade e a verdade vos libertará!".

CARBALLO/SHUTTERSTOCK

O fazendeiro *bem conectado*

DIZ A LENDA...

Esta é a história de um fazendeiro bem-sucedido. Ano após ano, ele ganhava o troféu "Milho Gigante" da feira da agricultura do município. Entrava com seu milho na feira e saía com a faixa azul recobrindo seu peito. E o seu milho era cada vez melhor.

Em uma dessas ocasiões, um repórter de jornal, ao abordá-lo após a já tradicional colocação da faixa, ficou intrigado com a informação dada pelo entrevistado sobre como costumava cultivar seu qualificado e valioso produto.

O repórter descobriu que o fazendeiro compartilhava a semente do seu milho gigante com os vizinhos.

— Como pode o senhor se dispor a compartilhar sua melhor semente com seus vizinhos, tendo eles como concorrentes com o seu milho todos os anos? – indagou o repórter.

O fazendeiro pensou por um instante e respondeu:

— Você não sabe? O vento apanha o pólen do milho maduro e o leva de um campo a outro. Se meus vizinhos cultivarem milho inferior, a polinização degradará continuamente a qualidade do meu milho. Se eu quiser cultivar milho bom, tenho de ajudar meus vizinhos a cultivarem milho bom também.

Ele era atento às conectividades da vida.

FALA, FERNANDINHO...

Essa historinha é adorável! Afinal, ela trata de Biologia pura, coisa que motiva a minha vida há tantos anos.

Como posso associar esse conto à vida de um estudante? Simplesmente pensando: dentre os tantos alunos que hoje disputam vagas concorridas em boas Universidades, muitos há que – em breve tempo – poderão ser colegas de turma, membros de uma mesma equipe, colegas de bancada...

Se você prestar muita atenção às aulas, aprende mais... mas o seu colega também! Um colega seu que estudar muito e fizer perguntas interessantes ao professor aprende mais... e você também!

A temerária *ratoeira*

DIZ A LENDA...

Um rato, olhando pelo buraco na parede, vê o fazendeiro e sua esposa abrindo um pacote. Pensou logo no tipo de comida que poderia haver ali. Ao descobrir que era uma ratoeira ficou aterrorizado. Correu ao pátio da fazenda advertindo a todos:

— Há uma ratoeira na casa, uma ratoeira na casa!

A galinha disse:

— Desculpe-me Sr. Rato, eu entendo que isso seja um grande problema para o senhor, mas não me prejudica em nada, não me incomoda.

O rato foi até o porco e alertou:

— Há uma ratoeira na casa, uma ratoeira!

— Desculpe-me, Sr. Rato – disse o porco –, mas não há nada que eu possa fazer, a não ser rezar. Fique tranquilo que o senhor será lembrado em minhas preces.

O rato, então, dirigiu-se à vaca e disse-lhe:

— O quê, Sr. Rato? Uma ratoeira? Por acaso estou em perigo? Acho que não!

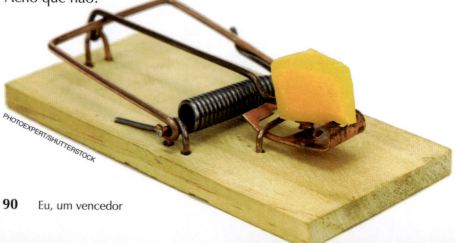

90 Eu, um vencedor

Então o rato voltou para casa, cabisbaixo e abatido, para encarar a ratoeira do fazendeiro. Naquela noite ouviu-se um barulho, como o de uma ratoeira pegando sua vítima. A mulher do fazendeiro correu para ver o que havia pego. No escuro, ela não viu que a ratoeira havia pego a cauda de uma cobra venenosa. E a cobra picou a mulher...

O fazendeiro a levou imediatamente ao hospital. Ela voltou com febre. Todo o mundo sabe que, para alimentar alguém com febre, nada melhor do que uma boa canja de galinha. O fazendeiro pegou seu cutelo e foi providenciar o ingrediente principal. Como a doença da mulher continuava, os amigos e vizinhos vieram visitá-la. Para alimentá-los, o fazendeiro matou o porco. A mulher não melhorou e acabou morrendo. Muita gente veio para o funeral. O fazendeiro então sacrificou a vaca, para alimentar todo aquele povo.

FALA, FERNANDINHO...

Da próxima vez que você ouvir que alguém está diante de um problema, não acredite que o problema não lhe diz respeito: lembre-se de que, quando há uma ratoeira na casa, toda a fazenda corre risco. O problema de um pode ser o problema de todos.

Seja solidário com os colegas, amigos ou parentes que sofrem. Dê-lhes a devida atenção. Perca um pouco do seu tempo com eles... mas, tome cuidado! Cuidado para não alimentar parasitas mentais.

Há pessoas que sentem uma necessidade enorme de contar seus problemas. Vivem envoltas em uma atmosfera de azar e de sofrimento. São sempre vítimas de tudo e de todos. Elas precisam muito de você. Precisam? Não! Precisam de uma terapia, de um tratamento. Você precisa aprender a se esquivar, seja mudando seus horários, seja trocando de turma, seja dizendo-lhes claramente – e esta seria a melhor escolha – que você não concorda em ouvir o mesmo problema mil vezes e que acredita que o melhor para elas seria buscar a ajuda de um profissional qualificado, e não apenas de um amigo solidário.

Eu, um vencedor **91**

Dois amigos e quatro *mulheres*

DIZ A LENDA...

— Que maravilha é ter duas mulheres! – falou entusiasmado um homem ao seu amigo, enquanto fumavam narguilé em um bar.

Com as mais floreadas palavras, ele louvava a variedade e a magnificência de poder testemunhar o fato de que duas flores podem ter perfumes tão diferentes. Os olhos do amigo ficavam cada vez mais arregalados. "Meu amigo deve viver tão bem como no paraíso", pensou ele com seus botões. "Por que não deveria eu também saborear a doçura de ter duas mulheres como meu amigo aqui provavelmente faz?" Logo após esse encontro, ele tomou para si uma segunda esposa. Ao tentar compartilhar o leito nupcial com ela na noite do casamento, ela o rejeitou zangadamente:

— Deixe-me dormir – disse ela. — Vai procurar sua primeira esposa. Eu não quero uma quinta roda na carreta. Escolhe: ou eu ou a sua outra esposa.

Em busca de consolo, ele foi ter com sua outra esposa. Mas, quando tentou deitar na cama junto dela, veio a reclamação:

— Não comigo! Se casaste com uma segunda mulher e eu não lhe sou suficiente, então volta para os braços dela!

Nada mais lhe restava fazer senão sair de sua própria casa e buscar um lugar para dormir na igreja mais próxima. Quando tentava adormecer em posição de oração, escutou alguém que pigarreava atrás dele. Espantado, voltou-se para trás, pois a pessoa que estava chegando não era outra senão seu bom amigo que havia exaltado a maravilha de ter duas esposas.

— Por que vieste para cá? – perguntou ele assombrado.

— Minhas esposas não me deixam chegar perto delas. Assim tem sido por várias semanas.

— Mas, então, por que me disseste que era maravilhoso viver com duas esposas?

Envergonhado, o amigo respondeu:

— Eu me sentia tão solitário nesta igreja que desejava ter um amigo como companhia.

FALA, FERNANDINHO...

Durante sua caminhada rumo ao sucesso, você encontrará todo tipo de gente; fará boas amizades, conhecerá pessoas inteligentes, outras nem tanto; estará sujeito a boas e más influências de colegas. É preciso ter um pouco de cuidado e muito bom senso. É importante estar atento para perceber quando alguém estiver lhe induzindo para o caminho da desgraça – isso existe, sim – ou lhe chamando para o bom caminho.

Assim, quando se sentir convidado a trilhar um caminho fácil, cheio de flores e brisa suave – conforme a descrição do colega –, mantenha um pé atrás. Pergunte-se: se o caminho é tão bom, por que o colega não obtém bons resultados?

MORAKOT KAWINCHAN/SHUTTERSTOCK

Ultrapassando *supostas limitações*

DIZ A LENDA...

Qual é o limite para você sonhar e realizar os objetivos propostos para sua vida? Nenhum. O limite é você quem impõe. Você é a única pessoa que pode colocar restrições aos seus desejos.

Pense que as grandes realizações aconteceram quando alguém resolveu vencer o impossível...

Nas navegações, encontramos um Colombo determinado a seguir viagens pelo mar, mesmo estando cansado de ouvir que o mar acabava e estava cheio de monstros terríveis.

Santos Dumont foi tachado de louco tantas vezes que nem mais ligava para os comentários, até fazer subir seu 14-Bis...

Ford foi ignorado por banqueiros e poderosos que não acreditavam na produção de carros em série.

Einstein foi ridicularizado na Alemanha...

Desistir de nossos projetos ou aceitar palpites infelizes em nossa vida é mais fácil do que lutar por eles. Renunciar, chorar, aceitar a derrota é mais simples, pois não nos obriga ao trabalho.

É... ser feliz dá trabalho! Ser feliz é questão de persistência, de lutas diárias, de encantos e desencantos.

Quantas pessoas passaram pela sua vida e lhe magoaram? Quantos passarão pela sua vida só para roubar sua energia? Quantos estarão realmente preocupados com você?

A questão é como você vai encarar essas situações. Como ficarão seus projetos... Eles resistirão às amarguras e aos desacertos do dia a dia?

O objetivo você já tem: ser feliz!!!

Como alcançá-lo, você já sabe: lutando!!!

Resta saber o quão feliz você realmente quer ser. E, principalmente, qual o limite que você colocou para seus sonhos.

Lembre-se: não há limites para sonhar... Portanto, não se limite, vá à luta!

O impossível é apenas algo que alguém ainda não realizou!!!

FALA, FERNANDINHO...

Definitivamente está na hora de assumir as rédeas da sua vida, estabelecer metas, traçar planos e... persistir, persistir, persistir, tendo em mente que não será fácil, mas sem a luta não haverá vitória, sem o caminho não haverá a chegada, sem a busca jamais se dará o encontro.

Vivo há décadas ouvindo, orientando, apontando saídas, mostrando caminhos para jovens estudantes que têm – quase invariavelmente – um sonho grande aliado a uma disposição pequena e ISSO NÃO FUNCIONA.

Quando, ao contrário, me deparo com alguém que tem sonhos, às vezes até gigantescos, quase inatingíveis, mas tem foco, tem força, tem fé... o "milagre" acontece, o resultado aparece, as portas se abrem.

Saia dessa, *se puder*

DIZ A LENDA...

Conta uma lenda que, na Idade Média, um homem muito religioso foi injustamente acusado de ter assassinado uma mulher. Na verdade, o autor do crime era uma pessoa influente no reino e, por isso, desde o primeiro momento, procurou-se um bode expiatório para acobertar o verdadeiro assassino.

O homem injustamente acusado de ser o assassino foi levado a julgamento. Ele sabia que tudo iria ser feito para condená-lo e que teria poucas chances de sair vivo das falsas acusações. A forca o esperava!

O juiz, que também estava em conluio para levar o pobre homem à morte, simulou um julgamento justo, fazendo uma proposta ao acusado para que provasse sua inocência.

Disse o desonesto juiz:

— Como o senhor, sou um homem profundamente religioso. Por isso, vou deixar sua sorte nas mãos de Deus. Vou escrever em um papel a palavra INOCENTE e, em outro, a palavra CULPADO. Você deverá pegar apenas um dos papéis. Aquele que você escolher será o seu veredicto.

Sem que o acusado percebesse, o inescrupuloso juiz escreveu nos dois papéis a palavra CULPADO, fazendo, assim, com que não houvesse alternativa para o homem. O juiz, então, colocou os dois papéis em uma mesa e mandou o acusado escolher um. O homem, pressentindo o embuste, fingiu se concentrar por alguns segundos a fim de fazer a escolha certa. Aproximou-se confiante da mesa, pegou um dos papéis e rapidamente colocou-o na boca e o engoliu. Os presentes reagiram surpresos e indignados com tal atitude.

O homem, mais uma vez demonstrando confiança, disse:

— Agora basta olhar o papel que se encontra sobre a mesa e saberemos que engoli aquele em que estava escrito o contrário.

FALA, FERNANDINHO...

Se tem uma coisa difícil para quem está diante de um grande desafio, como um vestibular, o ENEM ou concurso, é lidar com as injustiças do sistema. Elas existem, desde sempre, e devem, sim, ser combatidas. São inúmeros os métodos criados para favorecer uns em detrimento de outros.

Veja, por exemplo, o sistema de cotas: seria possível alguém fraudar seus dados pessoais – como renda pessoal, cor da pele, onde estudou – para tirar vantagem desse programa?

Fora isso, a injustiça pode ser inerente às provas em si, aos métodos de correção, como as provas de redação, por exemplo, aos conteúdos programáticos definidos para beneficiar determinada classe, grupo ou região... enfim, as injustiças existem e são todas odiosas. O que fazer?

Denuncie, denuncie, denuncie... mesmo que isso o prejudique, mesmo que você seja um dos beneficiados com a "injustiça", reconheça a sua natureza e... denuncie. Não se omita!

Uma questão de *ética*

DIZ A LENDA...

Ele tinha onze anos e, a cada oportunidade que surgia, ia pescar no cais próximo ao chalé da família, numa ilha que ficava em meio a um lago. A temporada de pesca só começaria no dia seguinte, mas pai e filho saíram no fim da tarde para pegar apenas peixes cuja captura estava liberada.

O menino amarrou uma isca e começou a praticar arremessos, provocando ondulações coloridas na água. Logo, elas se tornaram prateadas pelo efeito da Lua nascendo sobre o lago. Quando o caniço vergou, ele soube que havia algo enorme do outro lado da linha.

O pai olhava com admiração, enquanto o garoto habilmente, e com muito cuidado, erguia o peixe exausto da água. Era o maior que já tinha visto, porém sua pesca só era permitida na temporada. O garoto e o pai olharam para o peixe, tão bonito, as guelras para trás e para a frente. O pai, então, acendeu um fósforo e olhou para o relógio. Eram dez da noite, faltavam apenas duas horas para a abertura da temporada.

Em seguida, olhou para o peixe e depois para o menino, dizendo:

— Você tem de devolvê-lo, filho!

— Mas, papai... – reclamou o menino.

— Vai aparecer outro – insistiu o pai.

— Não tão grande quanto este – choramingou a criança.

O garoto olhou à volta do lago. Não havia outros pescadores ou embarcações à vista. Voltou novamente o olhar para o pai. Mesmo sem ninguém por perto, sabia, pela firmeza em sua voz, que a decisão era inegociável. Devagar, tirou o anzol da boca do enorme peixe e o devolveu à água escura. O peixe movimentou rapidamente o corpo e desapareceu. E, naquele momento, o menino teve certeza de que jamais veria um peixe tão grande quanto aquele. Isso aconteceu há trinta e quatro anos.

Hoje, o garoto é um arquiteto bem-sucedido. O chalé continua lá, na ilha em meio ao lago, e ele leva seus filhos para pescar no mesmo cais. Sua intuição estava correta. Nunca mais conseguiu pescar um peixe tão maravilhoso como o daquela noite. Porém, sempre vê o mesmo peixe repetidamente todas as vezes que depara com uma questão ética. Porque, como o pai lhe ensinou, a ética é simplesmente uma questão de certo e errado.

FALA, FERNANDINHO...

Essa é uma das mais belas histórias sobre ética que conheço. Ser ético não é favor, é obrigação.

Precisamos da ética dos médicos, dos advogados, dos religiosos, dos políticos, dos homens. Sem ética, temos a esbórnia, o caos.

A ética está em agir corretamente sempre, mesmo quando não estamos sendo observados. Essa conduta reta só é possível quando, desde criança, aprendeu-se a "devolver o peixe à água". A história valoriza não como se consegue ludibriar as regras, mas como, dentro delas, é possível fazer a coisa certa.

A boa educação é como uma moeda de ouro: tem valor em toda parte.

NONG MARS/SHUTTERSTOCK

O primeiro passo de uma
longa caminhada

DIZ A LENDA...

É curioso observar como a vida nos oferece resposta aos mais variados questionamentos do cotidiano.

Vejamos:

A mais longa caminhada só é possível passo a passo...

O mais belo livro do mundo foi escrito letra por letra...

Os milênios se sucedem, segundo após segundo...

As mais violentas cachoeiras se formam de pequenas fontes...

A imponência do pinheiro e a beleza do ipê começaram, ambas, na simplicidade das sementes...

Se não fosse a gota, não haveria a chuva...

O mais singelo ninho se fez de pequenos gravetos e a mais bela construção não se teria efetuado senão a partir do primeiro tijolo...

As imensas dunas se compõem de minúsculos grãos de areia...

Como já refere o adágio popular, nos menores frascos se guardam as melhores fragrâncias...

É quase incrível imaginar que apenas sete notas musicais tenham dado vida à "Ave Maria", de Bach, e à "Aleluia", de Hendel...

O brilhantismo de Einstein e a ternura de Madre Tereza de Calcutá tiveram de estagiar no período fetal e nem mesmo Jesus, expressão maior de Amor, dispensou a fragilidade do berço...

FALA, FERNANDINHO...

Fazer de você mesmo um vencedor, um médico, um juiz, um profissional de respeito, um grande comerciante, um ser iluminado... esse é o sonho!

ARTFAMILY/SHUTTERSTOCK

Amealhar, no dia a dia, pequenas coisas, algumas imperceptíveis aos olhos humanos, fazer de cada dia um pequeno degrau e ir subindo, inexoravelmente, um degrau por vez, rumo ao infinito... esse é o caminho!

Ser feliz, ser útil, ser um homem (ou uma mulher)... essa é a chegada! Não é fácil nem rápido...

O pagador de *promessas*

DIZ A LENDA...

Um dia, passando por problemas pessoais, um homem procurou um orientador espiritual que lhe disse:

— Você precisa exercer o desapego, não se deixe levar tanto pelas coisas materiais. Assim, o homem prometeu que, se seus problemas fossem solucionados, venderia sua casa e doaria o dinheiro da venda aos pobres.

Assim aconteceu: em alguns meses todos os seus problemas pessoais haviam sido aplacados e ele vivia um tempo de tranquilidade. Lembrando-se da promessa feita, e com medo de viver tempos ruins novamente, resolveu pagar a dita promessa.

Chegado o tempo de cumprir sua promessa, não desejava mais se desfazer de tanto dinheiro; pensou em um meio de contornar a situação.

Colocou a casa à venda por 10 reais, mas, junto com a casa, o comprador teria de adquirir um gato. E o preço do felino foi fixado em 20 mil reais.

Um comprador apareceu e se interessou em adquirir a casa e o gato. O antigo dono deu todo o dinheiro da casa – os 10 reais – aos pobres, cumprindo sua promessa, e embolsou o resto do dinheiro, os 20 mil reais da venda do gato.

FALA, FERNANDINHO...

Estudar para o vestibular exige certa dose de sacrifício. É um tempo cheio de atropelos, em que tudo parece mais difícil. Diminuem as atividades físicas, diminuem as possibilidades de lazer; aumenta muito a responsabilidade etc. Aí vêm as promessas. Tem gente que promete de tudo. Uns juram que quando formados dedicarão um dia por mês para cuidar somente dos pobres; outros afirmam que quando estiverem na universidade deixarão o vício do tabaco ou do álcool; e há, ainda, aqueles que prometem participar de atividades comunitárias pelo resto da vida... doce ilusão.

Não prometa aquilo que não sabe se cumprirá. Se vai prometer algo, prometa empenho, dedicação... e comece imediatamente a cumprir sua promessa.

WONG YU LIANG/SHUTTERSTOCK

Querendo ser *notado*

DIZ A LENDA...

Um belo dia, no tempo em que os animais falavam, houve uma grande reunião na floresta. Todos estavam reunidos com a finalidade de preparar uma grande homenagem ao leão, o rei da floresta. Durante a reunião, foram apresentadas algumas sugestões com relação ao tipo de homenagem a ser feita.

O primeiro a dar sua opinião foi o elefante:

— Vamos fazer um espetáculo grandioso, com dança, música e tudo o mais.

Os outros animais não concordaram. Disseram:

— Não temos tempo suficiente, pois o aniversário do leão já será amanhã. Como podemos preparar tudo?

— Que tal fazermos uma encenação, um teatrinho? – perguntou o macaco fazendo uma cara de grande ator.

— Nada disso – disse a raposa, que continuou: — O grande rei leão precisa de uma festa digna, que esteja à altura do seu reinado; ele não vai gostar disso que vocês estão propondo. Do que ele iria gostar mesmo só eu sei.

Nesse momento, todos pararam... ficaram em silêncio para ouvir a sugestão da raposa. Então, a cobra, que dirigia os trabalhos, disse:

— Então fale, dona raposa, não vê que não temos muito tempo?

A raposa, com ar de quem domina a situação, foi logo falando:

— Como eu sou a mais esperta das criaturas da floresta, sugiro um monólogo, no qual recito um poema de minha autoria. Tenho certeza de que fará o maior sucesso.

Ninguém concordou com ela, é claro! Houve até certo clima de hostilização, porque todos ficaram indignados com tamanha petulância.

Nesse ponto, a lebre que era a secretária da cobra naquele encontro, disse:

— Retire-se, dona raposa. Temos mais o que fazer e o tempo se esvai. Esta homenagem é de todos nós, não de um em particular.

Depois de muita discussão, chegou-se à conclusão de que o melhor a fazer era um recital de música, com a participação de todos. Como havia alguns mais afinados, como o sabiá e as araras, e outros nem tanto, como a vaca e os rinocerontes, o ensaio foi difícil, bem difícil. Mas, com a coordenação do macaco – exercendo o papel de maestro –, o coral até que ficou bem afinadinho.

No dia seguinte, quando o leão acordou, todos já estavam a postos. Tudo estava pronto e começou a cantoria...

O rei leão ficou todo feliz e, emocionado, pediu que continuassem, que cantassem mais um pouco, até que, de repente, a raposa, desastradamente, começou a desafinar. Desafinou tanto que os outros animais foram parando de cantar um a um, tendo ficado, no final, apenas a raposa, que continuava – agora com a voz mais alta e mais desafinada do que antes – cantando como se nada tivesse acontecido. Nesse instante, o rei leão perguntou à raposa:

— Por que você fez isso? Por que desafinou propositadamente? Por que destruiu a unidade dos seus colegas?

Com cara de despreocupada e com ar de missão cumprida, ela respondeu:

— Se eu não desafinasse, quem iria me notar?

FALA, FERNANDINHO...

Se você prestar atenção, verá que está rodeado de raposas. Existem, a sua volta, muitos colegas que fazem qualquer coisa para serem notados; uns não param de brincar; outros se vestem de modo esquisito; alguns irritam todo o mundo; tem gente que só vive contando vantagem... Ah, são muitas as formas de chamar a sua atenção. O que fazer? Nada. Apenas evite entrar na onda dessas pessoas. Tente compreendê-las e seja indulgente com elas. Não as condene, nem fique falando delas por trás, com outros colegas... apenas ignore os rompantes de estrelismo de cada um.

Barulho de *carroça*

DIZ A LENDA...

Certa manhã, meu pai convidou-me a dar um passeio no bosque e eu aceitei com prazer.

Ele se deteve numa clareira e depois de um pequeno silêncio me perguntou:

— Além do cantar dos pássaros, você está ouvindo mais alguma coisa?

Apurei os ouvidos alguns segundos e respondi:

— Estou ouvindo um barulho de carroça.

— Isso mesmo – disse meu pai. — É uma carroça vazia...

Perguntei a ele:

— Como pode saber que a carroça está vazia se ainda não a vimos?

Eu, um vencedor   **107**

— Ora – respondeu meu pai. — É muito fácil saber que uma carroça está vazia, por causa do barulho. Quanto mais vazia a carroça, maior é o barulho que ela faz.

Tornei-me adulto e, até hoje, quando vejo uma pessoa falando demais, inoportuna, interrompendo a conversa de todos, tenho a impressão de ouvir a voz do meu pai dizendo:

— Quanto mais vazia a carroça, mais barulho ela faz...

FALA, FERNANDINHO...

Uma pessoa que tem conteúdo é como alguém que comeu muita cebola: não precisa dizer, pois todo o mundo nota. Por isso, espere que cada pessoa perceba o conteúdo que você tem, não o divulgue a todo instante, afinal, ele não está à venda. Seja discreto e evite se autopromover a todo o momento, isso irrita, afasta as pessoas e, o pior, não lhe traz mais segurança, só aumenta a responsabilidade.

Dois pesos e *duas medidas*

DIZ A LENDA...

Buda estava reunido com seus discípulos certa manhã, quando um homem se aproximou:

— Existe Deus? – perguntou.

— Existe – respondeu Buda.

Depois do almoço, aproximou-se outro homem.

— Existe Deus? – quis saber.

— Não, não existe – disse Buda.

No final da tarde, um terceiro homem fez a mesma pergunta:

— Existe Deus?

— Você terá de descobrir – respondeu Buda.

Assim que o homem foi embora, um discípulo comentou, revoltado:

— Mestre, que absurdo! Como o Senhor dá respostas diferentes para a mesma pergunta?

— Porque são pessoas diferentes, e cada um chegará à resposta por seu próprio caminho. O primeiro acreditará em minha palavra. O segundo fará tudo para provar que estou errado. E o terceiro só acredita naquilo que é capaz de provar por si mesmo.

FALA, FERNANDINHO...

Ouça os seus professores. Ouça os seus pais. Ouça os amigos mais experientes que você. Ouça. Nessa história percebemos como não há fórmulas prontas que sirvam a todos. Cada aluno me-

Eu, um vencedor **109**

recerá, por parte do seu professor, um conselho distinto, exclusivo. Cada pessoa – conforme sua natureza – precisará de diferentes encaminhamentos para atingir suas metas. Caberá ao mestre o bom senso, o equilíbrio. Por isso é tão importante um bom relacionamento com seus mestres, estabelecido em um ambiente de amizade, de respeito, de compreensão, não de cumplicidade, de leniência, de competição.

O pneu *furado*

SLAVOLJUB PANTELIC/SHUTTERSTOCK

DIZ A LENDA...

Na véspera de uma prova, quatro alunos resolveram chutar o balde: iriam viajar. Faltaram à prova e, então, resolveram dar um "jeitinho". Voltaram ao colégio na terça, sendo que a prova havia ocorrido na segunda-feira. Então, dirigiram-se ao professor:

— Professor, fomos viajar, o pneu furou, não conseguimos consertá-lo, tivemos mil problemas, e por conta disso tudo nos atrasamos, mas gostaríamos de fazer a prova.

O professor, sempre compreensivo:

— Claro, vocês podem fazer a prova hoje após o almoço.

E assim foi feito. Os rapazes correram para casa e se racharam de tanto estudar, na medida do possível. Na hora da prova, o professor colocou cada aluno em uma sala diferente e entregou a prova:

Primeira pergunta, valendo 1 ponto, sobre as leis de Newton. Os quatro ficaram contentes, pois tinham lido algo sobre o assunto. Pensaram que a prova seria muito fácil e que haviam conseguido se "dar bem".

Segunda pergunta, valendo 9 pontos: "Qual pneu furou?".

Eu, um vencedor   111

FALA, FERNANDINHO...

Essa é uma lenda da educação, já tendo sido atribuída a muitos mestres. Em que nível você considera aceitável a mentira? Até que ponto você acha que devemos ser éticos? Como seria a sua vida, se todos lhe tratassem exatamente como você trata cada um?

Ser honesto, ser ético, ser gente é uma questão de princípios... e os nossos princípios não podem – pelo menos não devem – ser negociáveis. Não espere pelo futuro para ser alguém melhor, seja hoje mesmo o melhor que puder.

Se ocorrerem em sua vida coisas boas, maravilha! Se as desgraças baterem a sua porta, pelo menos saiba que não merece! Consolo? Não, convicção.

CHARLY MORLOCK/SHUTTERSTOCK

O monge e o *escorpião traiçoeiro*

DIZ A LENDA...

Um monge e seus discípulos iam por uma estrada e, quando passavam por uma ponte, viram um escorpião sendo arrastado pelas águas. O monge correu pela margem do rio, meteu-se na água e tomou o bichinho na mão. Quando o trazia para fora do rio, o escorpião o picou.

Devido à dor, o monge deixou-o cair novamente no rio. Foi então à margem, pegou um ramo de árvore, voltou outra vez a correr pela margem, entrou no rio, resgatou o escorpião e o salvou.

Em seguida, juntou-se aos seus discípulos na estrada. Eles haviam assistido à cena e o receberam perplexos e penalizados.

— Mestre, o senhor deve estar muito doente! Por que foi salvar esse bicho ruim e venenoso? Que se afogasse! Seria um a menos! Veja como ele respondeu a sua ajuda: picou a mão que o salvara! Não merecia sua compaixão!

O monge ouviu tranquilamente os comentários e respondeu:

— Ele agiu conforme a natureza dele e eu agi de acordo com a minha.

FALA, FERNANDINHO...

Qual é a sua natureza? Como você age com os que trapaceiam, tripudiam, usam de métodos fraudulentos para obter resultados? Com os outros... ignore! Mas, se o desonesto é você – mesmo que somente você saiba disso –, é necessário cortar na própria carne, mudar a própria natureza, tarefa das mais difíceis... mas perfeitamente possível.

No meio estudantil é comum encontrar pessoas que se enganam, que se iludem. Uma das maiores ilusões é estudar em véspera de provas para tentar "melhorar seu desempenho"... isso é um desastre! Pode até possibilitar um pontinho a mais na nota, mas, certamente, não provocará aprendizado significativo, porque esse tipo de estudo somente utiliza a memória de curto prazo, que é fugaz. Outra maneira de se enganar é tentar colar (ou filar) em provas, copiando respostas de colegas ou vizinhos... outro erro igualmente perigoso, porque, apesar de permitir uma nota maior em uma prova, produz uma insegurança descomunal na criatura desonesta. Creia: em trinta anos de magistério, jamais conheci um desonesto seguro.

Quantos anos você tem:

6 ou 7?

DIZ A LENDA...

Era uma tarde ensolarada de sábado em Oklahoma City. Meu amigo e pai orgulhoso, Bobby Lewis, estava levando seus dois garotos para jogar minigolfe. Ele foi até o sujeito na bilheteria e disse:

— Quanto é a entrada?

O jovem respondeu:

— Três dólares para o senhor e 3 dólares para cada garoto acima de seis anos. A entrada é livre para as crianças de 6 anos ou menos. Quantos anos eles têm?

Bobby respondeu:

— O advogado tem 3 e o médico tem 7, então, acho que eu lhe devo 6 dólares.

O homem da bilheteria disse:

— Ei, o senhor acabou de ganhar na loteria ou coisa parecida? O senhor poderia ter economizado 3 dólares. Poderia ter dito que o mais velho tem 6 anos; eu não saberia a diferença.

Bobby respondeu:

— É, pode ser; mas os garotos saberiam.

FALA, FERNANDINHO...

Essa história nos mostra o valor do exemplo. Como precisamos de pais e professores que deem o exemplo: lendo, estudando, valorizando a cultura, vivendo honestamente, pagando impostos devidos,

Eu, um vencedor **115**

remunerando corretamente seus empregados, cuidando da limpeza do ambiente, respeitando as normas da sociedade, não se deixando escravizar pelos bens materiais (consumismo), não apoiando políticos apenas por conveniência ou interesse, não humilhando os menos favorecidos nem se deixando subjugar pelos ditadores de plantão. E você, meu caro estudante, viva hoje como se estivesse sendo filmado por uma câmera invisível que será doada aos seus filhos – quando os tiver, é claro! – para que possam ter orgulho da raiz da árvore da vida deles.

O mais corajoso dos *homens*

DIZ A LENDA...

Há muitos anos, quando trabalhava como voluntário no Hospital Stanford, conheci uma garotinha chamada Liza que sofria de uma doença grave e rara. Aparentemente, sua única chance de recuperação era uma transfusão de sangue de seu irmão de 5 anos, que sobrevivera milagrosamente à mesma doença e desenvolvera os anticorpos necessários para combater o mal. O médico explicou a situação ao irmãozinho dela e perguntou-lhe se ele doaria seu sangue à irmã. Vi-o hesitar por apenas um momento antes de respirar profundamente e dizer:

— Sim, eu o farei, se for para salvar Liza.

À medida que a transfusão transcorria, ele estava deitado em um leito vizinho ao de sua irmã e sorria, como todos nós, ao ver a cor retornar às maçãs do rosto da pequena menina. Depois, o rosto dele ficou pálido e seu sorriso se apagou. Ele olhou para o médico e perguntou com uma voz trêmula:

— Vou começar a morrer já?

Sendo muito jovem, o menino compreendera mal a explicação do médico; pensou que teria de dar à irmã todo o seu sangue.

FALA, FERNANDINHO...

Nunca imaginei uma situação dessas. Haja coragem, haja desprendimento!

A coragem é uma virtude rara, de grande valor. Mas não é sobre a coragem que quero aproveitar essa história; é sobre a comunicação; melhor dizendo, é sobre os graves problemas que podem ocorrer por causa de uma má comunicação. Veja que a incapacidade de compreender as palavras do médico provocou uma enorme angústia no garoto.

No seu caso, meu caro estudante, a principal forma de comunicação vivenciada é aquela verificada nos momentos de aulas. Assim, para não perder nada, nada mesmo, nem sequer um simples aviso ou uma observação, faça o seguinte: chegue cedo à sala de aula e escolha um bom lugar, de preferência central nas primeiras filas... Por que justamente nas primeiras filas? Porque quanto menos gente houver entre você e o seu professor, menor será sua chance de dispersão. Ah, não passe aulas colado aos amigos, colegas ou namorado(a)... isso tira sua concentração e diminui seu rendimento, porque nesse caso ocorre uma comunicação invertida, ou seja, você acaba se comunicando por palavras, bilhetinhos, gestos ou coisa similar, com seu vizinho mais do que com seu professor ou orientador e aí, sem uma boa comunicação, ficarão sempre dúvidas nebulosas sobre sua cabeça, prejudicando seu aproveitamento.

Veja bem: não estou querendo afastá-lo dos amigos e colegas; só insisto que a simbiose interpessoal durante uma aula deve ser aluno-professor-aluno e não aluno-aluno; essa última deve ser a simbiose predominante em momentos de grupos de estudo, de conversas no pátio, de lazer etc.

MONKEY BUSINESS IMAGES/SHUTTERSTOCK

A melhor maneira
de dizer as coisas

DIZ A LENDA...

Certa feita, um sultão sonhou que havia perdido todos os dentes. Logo que despertou, mandou chamar um adivinho para que interpretasse seu sonho.

— Que desgraça, senhor! – exclamou o advinho. — Cada dente caído representa a perda de um parente de vossa majestade.

— Mas que insolente! – gritou o sultão, enfurecido. — Como te atreves a dizer-me semelhante coisa? Fora daqui!

Chamou os guardas e ordenou que lhe dessem cem açoites. Mandou que trouxessem outro adivinho e lhe contou sobre o sonho.

Este, após ouvir o sultão com atenção, disse-lhe:

— Nobre senhor! Grande felicidade vos está reservada. O sonho significa que haveis de sobreviver a todos os vossos parentes.

A fisionomia do sultão iluminou-se em um sorriso, e ele mandou dar 100 moedas de ouro ao segundo adivinho. E, quando este saía do palácio, um dos cortesãos lhe disse admirado:

— Não é possível! A interpretação que você fez foi a mesma que o seu colega havia feito. Não entendo por que ao primeiro ele pagou com cem açoites e a você com 100 moedas de ouro.

— Lembra-te, meu amigo – respondeu o adivinho –, de que tudo depende da maneira como você diz as coisas.

FALA, FERNANDINHO...

Um dos grandes desafios da humanidade é aprender a arte de comunicar-se.

Da comunicação dependem, muitas vezes, a felicidade ou a desgraça, a paz ou a guerra. Que a verdade deve ser dita em qualquer situação, não resta dúvida. Mas a forma como ela é comunicada é que tem provocado, em alguns casos, grandes problemas. A verdade pode ser comparada a uma pedra preciosa. Se a lançarmos no rosto de alguém pode ferir, provocando dor e revolta. Mas, se a envolvermos em delicada embalagem e a oferecermos com ternura, certamente será aceita com facilidade.

A embalagem, nesse caso, é a indulgência, o carinho, a compreensão e, acima de tudo, a vontade sincera de ajudar a pessoa a quem nos dirigimos.

Ademais, será sábio de nossa parte, antes de dizer aos outros o que julgamos ser uma verdade, dizê-la a nós mesmos diante do espelho. E, conforme seja a nossa reação, podemos seguir em frente ou deixar de lado o nosso intento. Importante mesmo é ter sempre em mente que o que fará diferença é a maneira de dizer as coisas...

Muitos dos alunos que me procuram para pedir orientação nos estudos o fazem com um ar de medo, com muita reserva, dominados pelo receio de ouvir verdades que eles conhecem, mas não aceitam.

Sempre lhes digo: não temam. Quanto mais fraco e inseguro for o aluno, maior poderá ser a eficiência do professor. Mas não dá para confundir professor com parceiro, colega. Caberá ao professor dizer sempre o que lhe pareça verdade, mesmo que não seja agradável.

Cumprirá seu papel o mestre que conseguir, com firmeza e com carinho, mostrar as falhas do seu aluno sem, contudo, provocar-lhe o pânico, a estagnação. Estimular sem iludir e alertar sem apavorar... eis uma síntese da arte de ensinar.

Sou ateu...
graças a Deus!

DIZ A LENDA...

Quando seu irmão nasceu, uma menininha insistia com os pais para ficar sozinha com o bebê. Temendo que, como muitas crianças de 4 anos, estivesse com ciúmes e quisesse maltratá-lo, eles não deixaram.

Mas ela não dava mostra de ciúmes. E, como sempre tratava o bebê com carinho, os pais resolveram fazer um teste. Deixaram-na com o recém-nascido e ficaram observando seu comportamento através da porta semiaberta.

Encantada por ter seu desejo satisfeito, a pequena aproximou-se do berço na ponta dos pés, curvou-se até o bebê e disse:

— Me diz como Deus é! Eu já estou esquecendo!

FALA, FERNANDINHO...

Quanta pureza pode residir no coração de uma criança! Essa historinha serve para que você tente sempre manter alguma ponte com Deus, da forma como o conceba. Enquanto nos preparamos para provas e concursos, passamos por mal bocados, por provações, por privações... precisamos estar protegidos ou, pelo menos, nos sentir protegidos. Você é católico, evangélico, budista, não importa; você é judeu, mulçumano, espírita? Dá no mesmo. O que importa – e isso é realmente sério – é que você tenha algum porto seguro para ancorar, por um instante que seja, o seu barco nos momentos de turbulência. Os amigos ajudam muito. Os pais são fundamentais. Sua própria fé... essa é imbatível, insubstituível. Então, você pergunta: e se eu for ateu? Bem, é um direito seu não acreditar em Deus, assim como é uma característica Dele permanecer ao seu lado mesmo assim.

Eu, um vencedor **121**

O grande vendedor de balões

DIZ A LENDA...

Durante os festejos natalinos de uma cidade do interior havia um homem que vendia balões coloridos, desses que sobem e se perdem no infinito deixando crianças chorando e adultos pasmos.

O vendedor era bom demais em seu ofício e tinha um truque muito interessante e eficaz: de vez em quando soltava um dos seus balões coloridos e isso atraía todos a certa distância que logo se acercavam e compravam um balãozinho. Ali perto estava um menino que observava – encantado – o vendedor de balões. Astuto que era, percebeu o truque e notou duas coisas: a primeira, que o vendedor soltava os balões toda vez que a quantidade de curiosos a sua volta diminuía e, desse modo, nunca ficava inteiramente sozinho; e a segunda, que o vendedor alternava as cores dos balões a soltar: soltava um vermelho, depois um azul, depois um verde e assim por diante. Mas nunca soltava um balão preto.

Entre curioso e indignado, o menino perguntou ao vendedor de balões:

— Moço, se o senhor soltasse um balão preto, ele subiria tanto quanto os outros?

O vendedor de balões sorriu para o menino, cortou a linha que prendia um balão preto e, enquanto ele subia bem alto, disse-lhe:

— Não é a cor do balão, meu filho, que o faz subir, mas o que está dentro dele.

FALA, FERNANDINHO...

Que história interessante. Primeiro, mostra-nos a importância de ceder um pouco, de investir antes de obter o lucro (veja que o vendedor "gastava" balões para ser notado); segundo, o principal: o segredo da subida não é aquilo que vemos, mas o que está oculto, invisível.

Assim também é com a vida de estudante: é preciso investir primeiro, gastar tempo estudando para que os resultados apareçam; além disso, é fundamental reforçar justamente aquilo que muitos esquecem, a sua força interior.

Os porcos-espinhos

DIZ A LENDA...

Durante uma era glacial, muito remota, quando o globo terrestre esteve coberto por densas camadas de gelo, muitos animais não resistiram ao frio intenso e morreram indefesos, por não se adaptarem às condições do clima hostil.

Foi então que uma grande manada de porcos-espinhos, numa tentativa de se proteger e sobreviver, começou a se unir, a juntar-se mais e mais. Assim, cada um podia sentir o calor do corpo do outro. E todos juntos, bem unidos, agasalhavam-se mutuamente, aqueciam-se, enfrentando por mais tempo aquele inverno tenebroso. Porém, vida ingrata, os espinhos de cada um começaram a ferir os companheiros mais próximos, justamente aqueles que lhes forneciam mais calor, aquele calor vital, questão de vida ou morte. E afastaram-se, feridos, magoados, sofridos.

Dispersaram-se por não suportarem mais tempo os espinhos dos seus semelhantes. Doíam muito...

Mas essa não foi a melhor solução: afastados, separados, logo começaram a morrer congelados. Os que não morreram voltaram a se aproximar, pouco a pouco, com jeito, com precauções, de tal forma que, unidos, cada qual conservava certa distância do outro, mínima, mas suficiente para conviver sem ferir, para sobreviver sem magoar, sem causar danos recíprocos. Assim, aprendendo a estar atento ao outro, resistiram à longa era glacial. Sobreviveram.

"Quanto mais nos ocupamos com a felicidade dos outros, maior passa a ser nosso senso de bem-estar.

Cultivar um sentimento de proximidade e calor humano compassivo pelo outro automaticamente coloca a nossa mente em um estado de paz. Isso ajuda a remover quaisquer medos, preocupações ou inseguranças que possamos ter, e nos dá muita força para lutar contra qualquer obstáculo que encontremos. Essa é a causa mais poderosa de sucesso na vida."

FALA, FERNANDINHO...

Essa mensagem é linda. Fala de interatividade, de companheirismo, de ética, de respeito, de tolerância, de aprender a ceder, de aprender a conviver.

Tudo o que está escrito no parágrafo acima pode, deve e precisa ser aprendido e vivenciado durante a preparação para o vestibular ou concursos. É necessário saber ouvir as dúvidas bobas dos colegas mais fracos, assim como é fundamental tentar entender as dúvidas viajadas dos colegas mais fortes; é útil se aproximar dos que têm algo a nos oferecer, assim como é útil distanciar-se dos que só nos irritam ou desestabilizam; é bom ouvir os problemas de um colega e tentar ajudá-lo, assim como é igualmente bom dizer ao mesmo colega que pare de falar tanto em problemas em vez de estudar.

Enfim, o equilíbrio é a solução.

Um gesto de
amor supremo

DIZ A LENDA...

Havia uma garota cega que se odiava pelo fato de ser cega!

Ela também odiava a todos... exceto seu namorado!

Um dia ela disse que, se pudesse ver o mundo, se casaria com ele – o seu namorado. Em um dia de sorte, alguém doou um par de olhos a ela! Então, seu namorado perguntou-lhe:

— Agora que você pode ver, você se casa comigo?

A garota ficou chocada quando viu que seu namorado era cego! Ela disse:

— Eu sinto muito, mas não posso me casar com você porque você é cego!

O namorado, afastando-se dela em lágrimas, disse:

— Por favor, apenas cuide bem de seus olhos... eles eram muito importantes para mim...

Nunca despreze quem lhe ama! Às vezes, as pessoas fazem certos sacrifícios e nós nem ligamos...

FALA, FERNANDINHO...

Claro que essa é uma daquelas histórias que todos sabemos que foi inventada, que nunca aconteceria de verdade, que apenas existe na mente de sonhadores...

Sei não.

Como professor, já vi muita coisa. Embora nunca tenha visto ninguém doar os dois olhos para uma namorada, já vi muita gente –

pais, amigos, namorados, desconhecidos – doando-se com a mais absoluta abnegação. Eu acredito, melhor dizendo, eu percebo que o mundo é formado por 90% de pessoas boas e 10% de pessoas... que eu ainda não conheço bem o suficiente para julgar!

Ora, se há mais gente boa do que ruim, por que o mundo é tão perigoso? Por que há tanta maldade? Isso não é verdade. O que ocorre é que damos mais visibilidade às coisas ruins do que às boas; falamos durante uma semana sobre um assalto que presenciamos e quase nunca repetimos para os colegas um ato generoso que assistimos, não é?

Muitos acham que a generosidade será, um dia, derrotada pela ingratidão... duvido! E olhe que de ingratidão eu entendo, pois já vi e já vivi algumas histórias com esse viés.

Ouça-me: você pode querer tudo, mas deve ser generoso e tem a obrigação de ser agradecido. Quando você for aprovado em seu bendito ENEM, vestibular ou concurso, não esqueça de agradecer: a Deus, seus pais, seus professores, aos amigos e até aos concorrentes que lhe desafiando fizeram despertar em você uma força superior.

Obstáculos

4

Pensa que será fácil? Que nada! A vida de quem vai prestar ENEM, vestibular ou concurso é pesada, mesmo. São muitas privações.
É preciso renunciar a muita coisa, e mesmo agindo assim nada impede que ocorra – e frequentemente acontece mesmo – algum imprevisto, leve ou grave, durante a sua caminhada. Pode ser uma gripe, uma reprovação, uma perda familiar... O fato é que haverá obstáculos e é preciso reconhecê-los, respeitá-los e... superar cada um. As próximas páginas tentarão lhe ajudar nesse ponto.

Este capítulo é dedicado aos meus irmãos, sem os quais eu teria sido derrotado por tantos obstáculos, empecilhos que hoje apenas representam lembranças.

Milho de *pipoca*

DIZ A LENDA...

Assim acontece com a gente. As grandes transformações acontecem quando passamos pelo fogo.

Quem não passa pelo fogo fica do mesmo jeito a vida inteira. São pessoas de uma mesmice e de uma dureza assombrosas. Só que elas não percebem e acham que seu jeito de ser é o melhor jeito de ser. Mas, de repente, vem o fogo.

O fogo é quando a vida nos lança em uma situação que nunca imaginamos: a dor. Pode ser fogo de fora: perder um amor, perder um filho, o pai, a mãe, perder o emprego ou ficar pobre. Pode ser fogo de dentro: pânico, medo, ansiedade, depressão ou sofrimento, cujas causas ignoramos.

Há sempre o recurso do remédio: apagar o fogo! Sem fogo, o sofrimento diminui. Com isso, a possibilidade da grande transformação também. Imagino que a pobre pipoca, fechada dentro da panela, lá dentro cada vez mais quente, pensa que sua hora chegou: vai morrer. Dentro de sua casca dura, fechada em si mesma, ela não pode imaginar um destino diferente para si. Não pode imaginar a transformação que está sendo preparada para ela.

A pipoca não imagina aquilo de que ela é capaz. Aí, sem aviso prévio, pelo poder do fogo, a grande transformação acontece: BUM! E ela aparece como outra coisa completamente diferente, algo que ela mesma nunca havia sonhado.

Bom, mas ainda temos o piruá, que é o milho de pipoca que se recusa a estourar. É como aquelas pessoas que, por mais que o fogo esquente, se recusam a mudar.

Elas acham que não pode existir coisa mais maravilhosa do que o jeito de serem.

A presunção e o medo são a dura casca do milho que não estoura. No entanto, o destino delas é triste, já que ficarão duras a vida inteira. Não vão se transformar na delícia branca, macia e nutritiva.

Não vão dar alegria para ninguém.

FALA, FERNANDINHO...

Essa história ilustra a importância da dor para o nosso crescimento. Acabar um namoro ou casamento, ser enganado por um amigo, decepcionar-se com um parente, perder alguém querido são apenas algumas das coisas que podem acontecer – e infelizmente acontecem – em nossa vida, sem marcar a data.

Por isso, quem está determinado a vencer uma batalha, como o ENEM, um vestibular ou concurso público, precisa saber que as dores têm, sim, um papel importante na nossa transformação. Elas podem, sim, nos ajudar a abrir os olhos para aspectos ocultos da nossa vida ou do mundo.

Então, o que fazer diante de uma dor? O que seria indicado, por exemplo, para alguém que perdeu um ente querido, mas que tem – nos próximos meses – um compromisso com o seu futuro: uma prova decisiva? Resposta: viva primeiro a dor! Deixe que ela lhe tome por inteiro! Chore, chore, chore! Ache alguém com quem falar sobre ela e o faça durante horas seguidas, se necessário, dias até. Mas isso pode lhe diminuir suas chances de aprovação, não pode? Claro que não.

Depois de chorar bastante, tome um banho, bote uma roupa legal, refaça os planos de estudos e...: BUM! Comece com força total, agora sem se permitir voltar a chorar nos ombros dos outros nem aceitar o encurralamento produzido pela saudade, pela dor. Fuja da dor com o estudo! Deixe para chorar o resto depois da prova! Pense no quanto aquela pessoa que se foi gostaria de vê-lo vitorioso!

Todo vitorioso tem a quem dedicar a sua vitória!

LEPNEVA IRINA/SHUTTERSTOCK

Comparando alhos com *bugalhos*

DIZ A LENDA...

Era uma vez um jovem espadachim que foi visitar um mestre zen. Ao encontrar-se com o mestre, ele não pôde conter o sentimento de inferioridade. Confuso com aquele sentimento, o espadachim se dirigiu ao mestre e perguntou:

— Mestre, por que me sinto inferior a você? Por que esse sentimento veio de forma incontrolável?

O mestre respondeu:

— Ao cair da noite você terá a resposta.

O dia passou lentamente e, enfim, anoiteceu. O espadachim continuava incomodado com o sentimento que o atormentava.

Ele viu que o mestre observava a Lua através da janela. Então, aproximou-se e perguntou:

— Por que continuo com esse sentimento, mestre?

O mestre zen, então, pediu ao espadachim que observasse duas árvores do jardim. Elas estavam lado a lado, uma era grande e a outra pequena. A Lua cheia iluminava o jardim todo, incluindo as duas árvores. Depois de um tempo em silêncio, o mestre zen perguntou ao espadachim:

— Por acaso você acha que alguma dessas duas árvores se sente superior ou inferior uma à outra?

E o espadachim respondeu:

— Não.

— E por quê? – perguntou o mestre.

O jovem espadachim refletiu por um momento e respondeu:

— Elas não se sentem assim porque não se comparam.

FALA, FERNANDINHO...

Aqui vamos refletir sobre um dos mais traiçoeiros inimigos do vestibulando ou concurseiro: a comparação autopredatória! Está aí um enorme inimigo do sucesso.

Claro que é necessário certo grau de comparação para que você saiba o que estudar, o quanto estudar e como estudar... Porém, viver se comparando aos outros, vigiando notas, comportamentos, desempenho, é uma roubada.

Nunca se esqueça: seu maior – e com frequência o único – inimigo mora dentro de você. Antes de pensar em superar algum colega, pense em superar sua preguiça, sua inércia, seu sono excessivo; pense em melhorar sua saúde, sua velocidade em resolver as questões, sua capacidade de síntese; pense em acabar com sua insegurança, em estimular seu otimismo, em construir o SEU futuro.

Vai "abarcar o mundo com as pernas"?

DIZ A LENDA...

O estudante de artes marciais aproximou-se do professor.

— Gostaria muito de ser um grande lutador de aikido – disse. — Mas penso que deveria também me dedicar ao judô, de modo que pudesse conhecer muitos estilos de luta; só assim poderei ser o melhor de todos.

— Se um homem vai para o campo e começa a correr atrás de duas raposas ao mesmo tempo, vai chegar um momento em que cada uma correrá para um lado, e ele ficará indeciso sobre qual deve continuar perseguindo – respondeu o professor. — Enquanto decide, ambas já estarão longe, e ele terá perdido seu tempo e sua energia.

FALA, FERNANDINHO...

Essa história é a cara de certos alunos que querem "abarcar o mundo com as pernas", como dizia minha avó. Não dá. Simplesmente, não dá. O melhor exemplo que conheço disso é o daqueles que tentam, muitas vezes por influência da família, fazer dois cursos superiores simultaneamente e acabam por tomar um dos dois caminhos: desistem dos dois porque – mesmo sem ter experimentado a plenitude de nenhum deles – descobrem que não nasceram para nenhuma das duas profissões; ou concluem os dois, mas, por não terem tido tempo suficiente para estudar, fazer estágios, participar de congressos, fazer amizades etc., tornam-se profissionais de segunda categoria, inseguros, prontos para serem mandados por qualquer um e para viverem infelizes para sempre.

134 Eu, um vencedor

BAIAJAKU/SHUTTERSTOCK

    Essa mesma história se aplica aos que querem – mais uma vez por influência familiar – tentar aprovação em cinco, dez ou mais vestibulares. Isso não funciona. Antes de candidatar-se a alguma coisa, avalie sua chance real de sucesso. Por exemplo: se você é um bom dançarino de samba e tentar dançar pagode, frevo, forró... tudo bem; mas, se tentar entrar em um concurso de tango, vai se dar mal... estou avisando!

Eu, um vencedor   **135**

Ninguém *sabe tudo*

DIZ A LENDA...

Como precisava adaptar-se aos novos tempos, o Diabo resolveu fazer uma liquidação de grande parte de seu estoque de tentações. Colocou anúncio no jornal e atendeu os fregueses, em sua oficina, durante todo o dia.

Era um estoque fantástico: pedras para virtuosos tropeçarem, espelhos que aumentavam a própria importância, óculos que diminuíam a importância dos outros. Pendurados na parede, alguns objetos chamavam muita atenção: um punhal de lâmina curva e gravadores que só registravam fofocas e mentiras.

— Não se preocupem com o preço! – gritava o velho Satã aos fregueses em potencial. — Levem hoje, paguem quando puder!

Um dos visitantes notou, jogadas em um canto, duas ferramentas que pareciam muito usadas, e que pouco chamavam a atenção. Entretanto, eram caríssimas. Curioso, quis saber a razão daquela aparente discrepância.

136 Eu, um vencedor

— Elas estão gastas porque são as que eu mais uso – respondeu Satã, rindo. — Se chamassem muito a atenção, as pessoas saberiam como se proteger. No entanto, ambas valem o preço que estou pedindo: uma é a Dúvida, a outra é o Complexo de Inferioridade. Todas as outras tentações sempre podem falhar, mas essas duas... Ah! Sempre funcionam!

FALA, FERNANDINHO...

Essa pequena historinha é recheada de sabedoria. Imagine um vestibulando com complexo de inferioridade que está em dúvida na hora de marcar uma resposta... Claro que ele vai errar. Sabe por quê? Porque a dúvida que a colocou contra a parede nada mais é do que a face visível da sua insegurança que pode ter como uma das causas o complexo de inferioridade.

Combata ferozmente esses inimigos. Como? Primeiro enfrentando todas as dúvidas, matando-as, pedindo auxílio aos professores, monitores ou colegas; segundo, acabe com esse complexo de inferioridade, pensando: "Eu não sei tudo; mas, também, ninguém sabe!".

RUI VALE SOUSA/ SHUTTERSTOCK

Eu, um vencedor

Seja um tigre,
não uma raposa

DIZ A LENDA...

Um homem vinha caminhando pela floresta quando viu uma raposa que perdera as pernas, e perguntou a si mesmo como ela faria para sobreviver. Viu, então, um tigre se aproximando com um animal abatido na boca. O tigre saciou sua fome e deixou o resto da presa para a raposa.

No dia seguinte, Deus alimentou a raposa usando o mesmo tigre. O homem maravilhou-se com a grandiosidade de Deus e disse a si mesmo:

— Também irei me recolher em um canto, com plena confiança em Deus, e ele há de prover tudo o que eu precisar.

Assim fez. Mas durante muitos dias nada aconteceu. Estava já quase às portas da morte quando ouviu uma voz:

— Ó, tu que estás no caminho do erro, abre os olhos para a verdade! Segue o exemplo do tigre e para de imitar a raposa aleijada.

FALA, FERNANDINHO...

Essa pequena história serve para nos alertar para um fato aparentemente óbvio: as pessoas são diferentes e algumas aprendem mais facilmente do que outras. Por esse motivo, para alguns é necessário estudar mais tempo; para outros, menos.

Vou contar um fato que se repete em praticamente todas as escolas preparatórias e cursos pré-vestibulares: sempre que há alguma atividade extra – um simulado, uma revisão ou uma aula especial –, os que faltam são justamente os que mais precisariam estar presentes. Claro que chegam trazendo as mais variadas justificativas... são as raposas aleijadas! Como se fazem de coitadinhos, os alunos-raposas atraem a solidariedade de todos, que lhes oferecem lanchinhos, apostilas, resumos, carona, livros... é a solidariedade humana impedindo o crescimento dos que precisam lutar!

Enquanto isso, os que aparentemente nem precisariam tanto da revisão ou da aula são os primeiros a fazer um sacrifício enorme para não faltar... são os tigres lutadores. Claro que dá trabalho ser tigre, que é penoso lutar incessantemente; mas os resultados finais... ah, os resultados não mentem!

SHUTTERSTOCK

Eu, um vencedor **139**

Além de queda, *ainda mais um coice!*

DIZ A LENDA...

Após um naufrágio, o único sobrevivente agradeceu a Deus por estar vivo e ter conseguido se agarrar a parte dos destroços para poder ficar boiando. Esse único sobrevivente foi parar em uma pequena ilha desabitada e fora de qualquer rota de navegação, e ele agradeceu novamente.

Com muita dificuldade e restos dos destroços, ele conseguiu montar um pequeno abrigo para que pudesse se proteger do Sol, da chuva, de animais e também para guardar seus poucos pertences. Como sempre, agradeceu.

Nos dias seguintes, a cada alimento que conseguia caçar ou colher, ele agradecia. No entanto, um dia, quando voltava da busca por alimentos, ele encontrou o seu abrigo em chamas, envolto em altas nuvens de fumaça.

Terrivelmente desesperado ele se revoltou, gritava chorando: "O pior aconteceu! Perdi tudo! Deus, por que fizeste isso comigo?". Chorou tanto que adormeceu, profundamente cansado.

No outro dia, bem cedinho, foi despertado pelo som de um navio que se aproximava.

— Viemos resgatá-lo, disseram.
— Como souberam que eu estava aqui?, perguntou ele.
— Nós vimos o seu sinal de fumaça!

FALA, FERNANDINHO...

O incêndio que aparentemente representaria o triste final de uma história transforma-se no início de uma nova – e bem melhor – aventura.

É impressionante o que ocorre com os vestibulandos e concurseiros quando algo sai errado no início de uma prova ou no primeiro dia de provas, ou na primeira etapa de um concurso. Sempre haverá uma tendência ao desânimo, à descrença, ao descontrole.

Nada disso! Pense: muitas vezes um grande lutador – campeão mundial – começa o primeiro *round* da luta perdendo, levando pancada, e termina por vencer a luta por nocaute ou por pontos... que seja!

Vitória de virada é mais gostosa!

Matisse visita
o grande Renoir

DIZ A LENDA...

Desde jovem, o pintor Henri Matisse costumava visitar semanalmente o grande Renoir em seu atelier.

Quando Renoir foi atacado pela artrite, Matisse passou a fazer visitas diárias, levando alimentos, pincéis, tintas, mas sempre procurando convencer o mestre de que ele trabalhava demais. Precisava descansar um pouco.

Certo dia, notando que cada pincelada fazia com que Renoir gemesse de dor, Matisse não se conteve:

— Grande mestre, sua obra já é vasta e importante. Por que continua a torturar-se dessa maneira?

— Muito simples. A beleza permanece; a dor acaba passando.

FALA, FERNANDINHO...

Se sacrifício fosse fácil, se chamava sacrifácil. Não espere moleza da vida, aprenda a conviver com as dificuldades. Muito frequentemente usamos qualquer probleminha como subterfúgio para suspender os estudos, o trabalho.

Escondemo-nos por trás de uma dor de cabeça, uma cólica, um sono sem motivo, uma briga com a namorada e outras coisinhas desse tipo para suspender nossa luta... que vergonha!

"Shopping center de

DIZ A LENDA...

Havia um *"Shopping center* de maridos", onde as mulheres podiam escolher seu marido entre várias opções de homens. O edifício tinha cinco andares, sendo que as qualidades dos homens cresciam nos andares mais altos. A única regra era que, uma vez em um andar, não se poderia mais descer – ou se escolhia um homem do andar ou se subiria ao próximo ou dever-se-ia ir embora. Uma dupla de amigas foi até lá.

PRIMEIRO ANDAR – Um aviso na porta dizia: "Os homens deste andar trabalham e gostam de crianças". Uma das amigas disse para a outra: "Bem, é melhor do que ser desempregado ou não gostar de crianças, mas como serão os homens do próximo andar?". Então elas subiram as escadas.

SEGUNDO ANDAR – "Os homens deste andar trabalham, têm excelentes salários, gostam de crianças e são muito bonitos." "Viu só?", disse uma delas. "Como serão então os homens do próximo andar?" Elas, então, continuaram a subir as escadas.

TERCEIRO ANDAR – "Os homens deste andar trabalham, têm excelentes salários, gostam de crianças, são muito bonitos e ajudam no serviço doméstico." "NOOOSSA!" – disse uma delas. "Muito tentador, mas como serão os homens do próximo andar?" Então elas subiram mais um lance de escadas.

QUARTO ANDAR – "Os homens deste andar trabalham, têm excelentes salários, gostam de crianças, são muito bonitos, ajudam no serviço doméstico e são ótimos amantes." "Meu Deus... O que será que nos aguarda no quinto andar!!!" E lá vão elas até o quinto e último andar.

QUINTO ANDAR – A placa na porta do andar vazio dizia: "Este andar serve somente para provar que é impossível satisfazer as mulheres. Por favor, siga até a saída e tenha um bom-dia".

FALA, FERNANDINHO...

Claro que é impossível satisfazer as mulheres, os homens... as pessoas. Assim, podemos utilizar essa historinha com dois enfoques.

Primeiro, vamos falar sobre a utilidade de querer sempre atingir um degrau a mais, aperfeiçoar-se, fazer novas conquistas. Por esse lado, é bom que todo mundo viva eternamente insatisfeito, sempre se sentindo desafiado, instigado a dobrar novas esquinas, a descortinar novos horizontes, a se aproximar – constantemente – da perfeição.

Por outro lado, podemos aproveitar essa história para comentar sobre um dos mais nefastos problemas da nossa sociedade: o consumismo desenfreado! Tome cuidado com isso, muito cuidado. Estamos vivendo uma verdadeira ditadura do consumo; somos levados a sentir necessidade visceral de ter coisas totalmente supérfluas, a mostrar para os outros que o nosso carro é melhor, que a nossa casa é maior, que a nossa viagem foi mais divertida... É infinita a espiral do consumo! E você, que ora se prepara para o ENEM, um vestibular ou concurso, pode estar sendo levado a escolher uma profissão apenas pelo reconhecimento social ou pelo alto salário que terá, mas isso não será sinônimo de felicidade.

O belo vaso de
porcelana

DIZ A LENDA...

O Grande Mestre e o Guardião dividiam a administração de um mosteiro budista. Certo dia o Guardião morreu e foi necessário substituí-lo. O Grande Mestre reuniu todos os discípulos para escolher quem teria a honra de trabalhar diretamente ao seu lado.

— Lembrem-se – disse o Grande Mestre – de que a função do Guardião é manter a união e o amor entre todos os membros da nossa comunidade. Por isso, apresento-lhes um problema. Aquele que primeiro o resolver será o novo Guardião do Templo.

Terminado seu curto discurso, colocou um banquinho no meio da sala e sobre ele um vaso de porcelana caríssimo, com uma rosa vermelha que o adornava.

— Este é o problema – disse o Grande Mestre. — Resolvam-no!

Os discípulos contemplaram perplexos o "problema". Viram os desenhos sofisticados e raros da porcelana, a fragrância e a beleza da flor... Que representava aquilo?... O que fazer?... Qual seria o

Eu, um vencedor

enigma? Passou o tempo sem que ninguém acertasse o que fazer a não ser ficar olhando para o "problema". Por fim, um dos discípulos levantou-se, olhou para o Mestre e para os demais alunos, caminhou decidido até o vaso e o jogou no chão, quebrando-o em mil pedaços.

— Finalmente alguém conseguiu!!! – exclamou o Grande Mestre. — Começava a duvidar da formação que lhes demos durante todos estes anos. Você é o novo Guardião.

Quando o aluno voltou ao seu lugar, o Grande Mestre explicou:

— Eu fui bem claro: disse que vocês estavam diante de um "problema". E problema é problema, e deve ser eliminado. Pode ser um vaso de porcelana muito caro, um lindo amor que já não tem sentido, um caminho que precisa ser abandonado, por mais que insistamos em percorrê-lo porque nos é mais cômodo...

LISA YEN/ SHUTTERSTOCK

FALA, FERNANDINHO...

Só existe uma maneira de lidar com um problema: atacando-o de frente! Nessas horas não se pode ter piedade, nem ser tentado pelo lado desafiador que qualquer conflito traz consigo. Não é questão de "dar um jeitinho", de deixar para amanhã... Não fuja dele! Não o esconda! Enfrente-o!

Duas moscas, *duas atitudes*

DIZ A LENDA...

Contam que certa vez duas moscas caíram em um copo de leite. A primeira era forte e valente; assim, logo ao cair, nadou até a borda do copo, mas, como a superfície era muito lisa e ela tinha suas asas molhadas, não conseguiu sair. Acreditando que não havia saída, a mosca desanimou, parou de nadar e de se debater, e afundou.

Sua companheira de infortúnio, apesar de não ser tão forte, era tenaz, continuou a se debater, a se debater e a se debater por tanto tempo que, aos poucos, o leite ao seu redor, com toda aquela agitação, foi se transformando e formou um pequeno nódulo de manteiga, onde a mosca conseguiu, com muito esforço, subir e dali levantar voo para algum lugar seguro.

Essa primeira parte da história pode ser contada como um elogio à persistência, que, sem dúvida, é um hábito que nos leva ao sucesso, no entanto...

Tempos depois, a mosca, por descuido ou acidente, novamente caiu no copo. Como já havia aprendido em sua experiência anterior, começou a se debater, na esperança de que, no devido tempo, se salvaria. Outra mosca, passando por ali e vendo a aflição da companheira de espécie, pousou na beira do copo e gritou:

— Tem um canudo ali, nade até lá e suba pelo canudo.

A mosca tenaz não lhe deu ouvidos; baseando-se na sua experiência anterior de sucesso, continuou a se debater e a se debater, até que, exausta, afundou no copo cheio... de água.

TAFFPIXTURE/SHUTTERSTOCK

FALA, FERNANDINHO...

Você deve estar pensando que essa história foi colocada aí por brincadeirinha, para relaxar... não foi!

É verdade que a primeira parte representa, muito bem por sinal, a importância da persistência para que se possa alcançar o sucesso; mas a segunda parte nos mostra algo esquecido por muitos durante sua caminhada rumo aos processos seletivos em geral: — Eu sei onde estão os meus pontos fracos e vou dar força total nisso, só nisso – dizem!

Todavia, os pontos que elegemos como prioridade máxima são, algumas vezes, pontos que foram retirados do programa ou que sofreram alterações significativas, ou que podem e devem ser aprendidos mais tarde... só que não nos demos conta.

Converse, troque opinião e experiência com outros: não seja cabeça-dura!

SYDA PRODUCTIONS/SHUTTERSTOCK

O soldado

ferido

DIZ A LENDA...

Esta história é sobre um soldado que finalmente estava voltando para casa, após a terrível guerra do Vietnã. Ele ligou, de São Francisco, nos Estados Unidos, para seus pais e disse-lhes:

— Mãe, pai, estou voltando para casa, mas tenho um favor a lhes pedir.

— Claro, meu filho, peça o que quiser!

— Tenho um amigo que gostaria de levar comigo.

— Lógico, meu filho, nós adoraríamos conhecê-lo!

— Entretanto, há algo que vocês precisam saber. Ele foi ferido na última batalha de que participamos. Pisou em uma mina e perdeu um braço e uma perna. O pior é que ele não tem nenhum lugar para onde ir. Por isso, quero que ele venha morar conosco!

— Eu sinto muito em ouvir isso, filho, nós talvez possamos ajudá-lo a encontrar um lugar onde ele possa morar e viver tranquilamente!

— Não, pai, eu quero que ele venha morar conosco!

— Filho – disse o pai –, você não sabe o que está nos pedindo. Alguém com tanta dificuldade seria um grande fardo para nós. Temos nossa própria vida e não podemos deixar que uma coisa como essa interfira em nosso modo de viver. Acho que você deveria voltar para casa e esquecer esse rapaz. Ele encontrará uma maneira de viver por si mesmo...

Nesse momento, o filho bateu o telefone. Os pais não ouviram mais nenhuma palavra dele. Alguns dias depois, no entanto, eles receberam um telefonema da polícia de São Francisco. O filho deles havia morrido depois de ter caído de um prédio. A polícia acreditava em sui-cídio. Os pais, angustiados, voaram para São Francisco e foram levados para identificar o corpo do filho. Eles o reconheceram, mas, para seu horror, descobriram algo que desconheciam: o filho deles tinha apenas um braço e uma perna.

FALA, FERNANDINHO...

Aparentemente essa história nunca aconteceu de verdade, mas o seu teor impressiona e choca. E se algo assim acontecesse em sua vida, o que você faria? Como trataria o amigo do seu filho?

Mas o que eu gostaria mesmo de destacar nessa história é a atitude do filho, o suicídio.

Acho importante tocar nesse aspecto porque os vestibulares e os concursos públicos exercem forte influência sentimental sobre qual-quer pessoa, sobretudo naquelas que já tenham alguma tendência à angústia ou depressão... Sugiro uma atenção especial a esse tema, ou seja, se você perceber que está sem vontade de fazer nada, sem von-tade de ver ninguém, sem vontade até mesmo de que a prova chegue logo e que você consiga a tão sonhada aprovação, procure ajuda, abra a boca, fale com alguém.

Com grande frequência, o simples ato de dividir uma angústia consegue aliviá-la; quando o alívio não vem com uma conversa, pode vir com uma consulta ou tratamento especializado. Sempre, porém, é possível fazer algo para reorganizar e reequilibrar a alma sofrida de alguém que está se sentindo em apuros e, muitas vezes, nem sabe o porquê.

Nós somos como uma panela de pressão... precisamos que a válvula de escape funcione na hora certa!

Uma grande *burrice*

DIZ A LENDA...

Caminhavam dois burros, um com uma carga de açúcar, outro com uma carga de esponjas.

Dizia o primeiro:

— Caminhemos com cuidado, porque a estrada é perigosa.

O outro arguiu:

— Onde está o perigo? Basta andarmos pelo rastro dos que hoje passaram por aqui.

— Nem sempre é assim. Onde passa um, pode não passar outro.

— Que burrice! Eu sei viver, gabo-me disso, e minha ciência toda se resume em só imitar o que os outros fazem.

— Nem sempre é assim, nem sempre é assim... – continuou a filosofar o primeiro.

Nisso, alcançaram o rio, cuja ponte caíra na véspera.

— E agora?

— Agora é passar a vau.

O burro de açúcar meteu-se na correnteza e, como a carga ia se dissolvendo ao contato com a água, conseguiu sem dificuldade chegar à margem oposta.

O burro da esponja, fiel às suas ideias, pensou consigo:

— Se ele passou, passarei também – e lançou-se ao rio.

Mas sua carga, em vez de esvair-se como a do primeiro, cresceu de peso a tal ponto que o pobre tolo foi ao fundo.

— Bem dizia eu! Não basta querer imitar, é preciso poder imitar – comentou o outro.

FALA, FERNANDINHO...

Essa fábula de Monteiro Lobato é um verdadeiro clássico. Mostra-nos o quanto pode ser perigosa a imitação inconsequente. Não é verdade que "o que serve para o meu irmão, para mim, igualmente, servirá". Isso se aplica a tudo: medicamentos que curam uns, matam outros; professores que abrem a cabeça de uns, confundem a cabeça de outros; assuntos que encantam, às vezes espantam.

Dessa maneira, a melhor solução é fazer as coisas com prudência; imitar, sim, mas com consciência e promovendo reavaliações periódicas da sua trajetória a ponto de poder corrigir imperfeições antes que virem problemas de grande magnitude.

O feiticeiro
que veio da África

DIZ A LENDA...

Um feiticeiro africano conduz seu aprendiz pela floresta. Embora mais velho, caminha com agilidade, enquanto seu aprendiz escorrega e cai a todo instante. O aprendiz blasfema, levanta-se, cospe no chão traiçoeiro, e continua a acompanhar seu mestre.

Depois de longa caminhada, chegam a um lugar sagrado. Sem parar, o feiticeiro dá meia-volta e começa a viagem de volta.

— Você não me ensinou nada hoje – diz o aprendiz, levando mais um tombo.

— Ensinei sim, mas você parece que não aprende – disse o feiticeiro. — Estou tentando lhe ensinar como se lida com os erros da vida.

— E como lidar com eles?

— Como deveria lidar com seus tombos: em vez de ficar amaldiçoando o lugar onde caiu, deveria procurar aquilo que lhe fez escorregar.

FALA, FERNANDINHO...

Quase todos têm a tendência de culpar os outros pelo seu fracasso. É frequente ver alunos reclamando do nível das provas, da má qualidade dos textos, da complexidade dos cálculos, da exiguidade do tempo, da chuva, do calor, do frio... de tudo! Pare com isso, se quer vencer. Estude mais, reclame menos. Tente pular as questões difíceis, tente resumir os textos mais longos, tente simplificar as contas, tente administrar o tempo, usar guarda-chuva, vestir-se de acordo com o clima local etc. Enfim, pelo menos uma parte do problema – e sua consequente resolução – estará sempre em você, não no mundo.

Eu, um vencedor

Às vezes, sentimos mesmo *muita raiva*

DIZ A LENDA...

Mariana ficou toda feliz porque ganhou de presente um joguinho de chá, todo azulzinho, com bolinhas amarelas. No dia seguinte, Júlia, sua amiguinha, veio bem cedo convidá-la para brincar. Mariana não podia porque ia sair com sua mãe naquela manhã. Júlia, então, pediu à coleguinha que lhe emprestasse o seu conjuntinho de chá para que ela pudesse brincar sozinha na garagem do prédio. Mariana não queria emprestar, mas, com a insistência da amiga, resolveu ceder, fazendo questão de demonstrar todo o seu ciúme por aquele brinquedo tão especial.

Ao regressar do passeio, Mariana ficou chocada ao ver o seu conjuntinho de chá jogado no chão. Faltavam algumas xícaras e a bandejinha estava toda quebrada. Chorando e muito nervosa, Mariana desabafou:

— Está vendo, mamãe, o que a Júlia fez comigo? Emprestei o meu brinquedo e ela estragou tudo, e ainda o deixou jogado no chão.

Totalmente descontrolada, Mariana queria porque queria ir ao apartamento de Júlia pedir explicações. Mas a mamãe, com muito carinho, ponderou:

— Filhinha, lembra daquele dia quando você saiu com seu vestido novo todo de florzinha e um carro, passando, jogou lama em sua roupa? Ao chegar a sua casa você queria lavar imediatamente aquela sujeira, mas a vovó não deixou. Você lembra do que a vovó falou?

— Ela falou que era para deixar o barro secar primeiro. Depois ficava mais fácil limpar.

— Pois é, minha filha! Com a raiva é a mesma coisa. Deixa a raiva secar primeiro. Depois fica bem mais fácil resolver tudo.

Mariana não entendeu muito bem, mas resolveu ir para a sala ver televisão.

Logo depois alguém tocou a campainha. Era Júlia, toda sem graça, com um embrulho na mão. Sem que houvesse tempo para qualquer pergunta, ela foi falando:

— Mariana, sabe aquele menino mau da outra rua que fica correndo atrás da gente? Ele veio querendo brincar comigo e eu não deixei. Aí ele ficou bravo e estragou o brinquedo que você havia me emprestado.

Quando eu contei para a mamãe, ela ficou preocupada e foi correndo comprar outro brinquedo igualzinho para você. Espero que você não fique com raiva de mim. Não foi minha culpa.

— Não tem problema – disse Mariana –, minha raiva já secou. E, tomando a sua coleguinha pela mão, levou-a para o quarto para contar a história do vestido novo que havia sujado de barro.

FALA, FERNANDINHO...

A raiva não é boa conselheira, todos sabem. Sentir raiva não é de todo ruim, o problema é agir sob seu jugo. Com ela dominando nossos atos, somos bestiais, monstruosos, irresponsáveis, inconsequentes e perigosos. Sem ela, porém, corremos o risco de parar, estagnar.

○ Tenha raiva, sim, da sua ignorância; analise-a, meça-a e aja!

○ Tenha raiva, sim, da sua intolerância; aplaque-a; domine-a e mude!

○ Tenha raiva, sim, da sua preguiça; reconheça-a, derrote-a e vença!

Eu, um vencedor **155**

Morrendo de

gota em gota

DIZ A LENDA...

A mente humana grava e executa tudo o que lhe é enviado, seja por meio de palavras, pensamentos ou atos, seus ou de terceiros, sejam positivos ou negativos, basta que você os aceite. Essa ação sempre acontecerá, independentemente se traga ou não resultados positivos para você.

Um cientista queria provar essa teoria. Precisava de um voluntário que chegasse às últimas consequências. Conseguiu um em uma penitenciária.

Era um condenado à morte que seria executado na cadeira elétrica e propôs a ele o seguinte:

— Você vai participar de uma experiência científica, na qual será feito um pequeno corte em seu pulso, o suficiente para gotejar seu sangue até a gota final.

Ele teria uma chance de sobreviver caso o sangue coagulasse. Se isso acontecesse, seria libertado; caso contrário, faleceria pela perda de sangue. Porém, teria uma morte sem sofrimento e sem dor.

O condenado aceitou, pois era preferível morrer desse jeito a morrer na cadeira elétrica, e ainda teria uma chance de sobreviver.

O condenado foi colocado em uma cama alta, dessas de hospital, e seu corpo fora amarrado para que não se movesse. Vendaram seus olhos e fizeram um pequeno corte em seu pulso. Abaixo do pulso foi colocada uma pequena vasilha de alumínio. Foi dito ao condenado que ouviria o gotejar do sangue na vasilha.

O corte foi superficial e não atingiu nenhuma artéria ou veia, mas foi o suficiente para que sentisse que seu pulso fora cortado. Sem que ele soubesse, debaixo da cama, tinha um frasco de soro com uma pequena válvula. Ao cortarem o pulso, abriram a válvula do frasco para que acreditasse que era o sangue dele que estava caindo na vasilha de alumínio. Na verdade, era o soro do frasco que gotejava!

De dez em dez minutos, o cientista, sem que o condenado visse, fechava um pouco a válvula do frasco e o gotejamento diminuía.

O condenado acreditava que era seu sangue que diminuía. Com o passar do tempo, foi perdendo a cor e ficando mais pálido.

Quando o cientista fechou por completo a válvula, o condenado teve uma parada cardíaca e faleceu, sem ter perdido sequer uma gota de sangue!

O cientista conseguiu provar que a mente humana cumpre, exatamente, tudo o que é enviado e aceito pelo seu hospedeiro, seja positivo ou negativo, e que sua ação envolve todo o organismo, quer seja na parte orgânica ou psíquica.

FALA, FERNANDINHO...

Essa história um pouco triste é um alerta para filtrarmos o que enviamos para nossa mente, pois ela não distingue o real da fantasia, o certo do errado; simplesmente grava e cumpre o que é enviado.

Somos o que pensamos e acreditamos ser! Por esse motivo quem pensa em fracassar, já fracassou mesmo antes de tentar.

Apesar de duvidar da veracidade da história contada, não posso deixar de concordar com ela. Já vi muita gente que, enquanto se preparava para o ENEM ou outro processo seletivo, não parava de falar: acho que estou "emburrecendo"! Eu estou esquecendo tudo! Quanto mais eu estudo, menos sei!

Ora, isso é simplesmente impossível! O problema é que ouvindo "o gotejamento do próprio sangue diminuindo de intensidade" (desgaste, cansaço ou certo desânimo natural de quem luta), a pessoa acredita que está nas últimas, acha que não aguenta mais, pensa que está perdido...

Não desanime nunca! Tome uma atitude: levante-se! Chute "o balde de sangue" e vá para a rua festejar a vida! "Reacredite-se" um pouco a cada dia.

Eu, um vencedor **157**

Ser o primeiro *aluno da classe*

DIZ A LENDA...

Confúcio viajava com seus discípulos quando soube que, em uma aldeia, vivia um menino muito inteligente. Confúcio foi até lá conversar com ele e, brincando, perguntou:

— Que tal se você me ajudasse a acabar com as desigualdades?

— Por que acabar com as desigualdades? – disse o menino. — Se acabarmos com a profundidade dos rios e dos mares, todos os peixes morrerão. Se o chefe da aldeia tiver a mesma autoridade que o louco, ninguém se entenderá direito. O mundo é muito vasto, devemos deixá-lo com suas diferenças.

Os discípulos saíram dali impressionados com a sabedoria do menino. Quando já se encaminhavam para outra cidade, um deles comentou que todas as crianças deveriam ser assim.

— Conheci muitas crianças que, em vez de estar brincando e fazendo coisas de sua idade, procuravam entender o mundo – disse Confúcio. — E nenhuma dessas crianças precoces conseguiu fazer algo importante mais tarde, porque jamais experimentou a inocência e a sadia irresponsabilidade da infância.

FALA, FERNANDINHO...

Essa historinha vai para os pais dos alunos; sim, sobretudo para aqueles que se vangloriam de o filho, apesar de muitíssimo jovem, ser o primeiro da classe, ser genial, ser um aluno nota dez e que se formará muito cedo e terá um futuro promissor. Já vi esse filme centenas de vezes e confesso não comungar muito com essa postura.

Ser o primeiro da classe não é – necessariamente – garantia de sucesso na vida profissional e menos ainda na vida pessoal. Adquirir um diploma jovem demais não garante muita coisa, somente que entrará na vida profissional mais cedo e, possivelmente, se aposentará mais cedo. Sempre pergunto aos pais muito apressados: os senhores querem, então, que o seu filho case bem cedo, tenha filhos bem cedo, se aposente bem cedo, que morra bem cedo? Claro que não.

Crianças são crianças... e precisam brincar muito; jovens são jovens... e têm de aprender a conviver com a vida real enquanto preparam seu futuro; adultos são adultos... e devem mostrar para os mais jovens que a vida real – trabalho, lazer, amor – existe para ser vivida, e bem vivida; velhos são velhos... e podem descansar enquanto os mais jovens lhes enchem de cuidados e carinho. Assim, penso eu, deveria ser a vida.

O camundongo

medroso

DIZ A LENDA...

Era um vez um camundongo medroso, que vivia angustiado, sitiado, apavorado, com medo de um gato. Um mago teve pena dele e o transformou em gato. Então ele ficou com medo do cão, e por isso o mago o transformou em cão. Aí ele começou a ter medo do tigre, e o mágico o transformou em tigre. Nesse ponto, ele se viu com medo do caçador.

A essa altura, o mago desistiu, transformou-o novamente em camundongo e disse-lhe:

— Nada que eu faça por você vai ajudá-lo, porque dentro de você sempre baterá o coração de um rato.

FALA, FERNANDINHO...

O medo é um presente dos céus; sem ele, não tomaríamos muitas das nossas melhores decisões. Não confunda, porém, medo com insegurança. Ficar apavorado sem razão para isso exige tratamento. Muitos são os alunos que descobrem no transcurso dos seus estudos para concursos que são portadores da síndrome do pânico ou de outras mazelas capazes de tornar um ser humano inseguro, ansioso em demasia, verdadeiramente bloqueado. O que fazer? Tratar, cuidar-se, procurar ajuda de um médico, psicólogo ou outro profissional adequado.

A maioria dos casos, porém, não envolve coisa mais séria e pode ser resolvida com pequenos gestos, uma boa dose de determinação e – o mais importante – o apoio dos pais, amigos e professores que, compreendendo o problema, podem ajudar a superá-lo.

Vivendo com uma *raposa*

DIZ A LENDA...

Um lenhador acordava todos os dias às 6 horas da manhã e trabalhava o dia inteiro cortando lenha, só parando tarde da noite. Ele tinha um filho lindo de poucos meses de vida e uma raposa, sua amiga, tratada como bicho de estimação e de sua total confiança. Todos os dias o lenhador – que era viúvo – ia trabalhar e deixava a raposa cuidando do bebê. Ao anoitecer, a raposa ficava feliz com a sua chegada.

Sistematicamente, os vizinhos do lenhador alertavam que a raposa era um animal selvagem, e, portanto, não era confiável. O lenhador dizia que isso era uma grande bobagem, pois a raposa era sua amiga e jamais faria isso. Os vizinhos insistiam:

— Lenhador, abra os olhos! Quando a raposa sentir fome, ela vai devorar seu filho!

Um dia, o lenhador, exausto do trabalho e cansado desses comentários, chegou em casa casa e viu a raposa sorrindo como sempre, com a boca totalmente ensanguentada. O lenhador suou frio e, sem pensar duas vezes, deu uma machadada na cabeça da raposa. A raposinha morreu instantaneamente.

Desesperado, entrou correndo no quarto. Encontrou seu filho no berço, dormindo tranquilamente, e, ao lado do berço, uma enorme cobra morta.

FALA, FERNANDINHO...

Esse conto é um verdadeiro clássico, que pode ser resumido com uma frase bíblica: "Não julgueis!". De que modo ele se encaixa na vida de um estudante? No ponto em que o lenhador deu ouvidos aos que só falavam de morte, de perigo, de medo...

Assim também se dá com quem estuda para um vestibular ou concurso: ele ouve, quase todos os dias, alguém que não para de alertar para os perigos, para as provas traiçoeiras, para as pegadinhas. Aí, acontece mais ou menos assim: na hora da prova, o pobre – e inseguro – estudante acaba enxergando raposas assassinas em tudo o que olha. Ele vê, mas não enxerga!

Tome cuidado com o que você vê para não ser induzido ao erro em questões maliciosas; mas não esqueça: não há prova ou avaliação na qual esse tipo de questão seja a regra, isto é, fique atento ao fato de que em praticamente todas as provas há um claro predomínio das questões simples, benfeitas, sem pegadinhas, e são elas – as questões que você domina bem – que o farão vencedor.

Lidando com a *inveja*

DIZ A LENDA...

Certo dia, na floresta, uma cobra começou a perseguir um vaga-lume. Seguiu sua luz durante um tempo, tentando atacar o pobre inseto.

O vaga-lume fugia rapidamente, com medo da cobra que a cada instante ficava mais instigada com a caçada fatal.

Essa novela durou vários dias, mas a cobra não desistia. O vaga-lume já estava ficando cansado, exausto, exasperado com a situação. Um dia, o pequeno inseto, já sem forças, parou e disse:

— Posso lhe fazer quatro perguntas? Depois você me devora.

— Não costumo ser indulgente com as minhas presas, mas já que vou lhe comer mesmo, pode perguntar.

— Eu faço parte da sua cadeia alimentar?

— Não.

— Eu lhe fiz algum mal?

— Não.

— A minha carne é suficiente para aplacar sua fome?

— Não.

KHLUNGCENTER/SHUTTERSTOCK

— Então, por que você quer me comer?
— Porque não suporto ver você brilhar.

FALA, FERNANDINHO...

Essa é uma das mais belas lições que conheço e que posso aplicar a sua realidade, meu caro estudante.

Será que você se comporta como uma cobra, que não consegue conviver com o brilho de colegas melhores que você? Será que você vive se comparando com os outros a todo o momento, somente focando neles os seus pensamentos? Que pena! Ou será que você é vaga-lume, que brilha demais para o seu tamanho? Se assim o é, está na hora de baixar o facho, de ocultar um pouco o próprio brilho, ou seja, pare de espalhar por aí os seus sucessos nos testes, sua superioridade relativa e outras coisas do gênero. Não faça tanta autopropaganda.

Deixe que o seu brilho apareça na hora certa, no final da tarefa. Por outro lado, se você perceber-se rondado por invejosos, ignore-os, fuja deles, não os transforme em um problema a mais (você já tem

Isso é que é um

cachorro

DIZ A LENDA...

Um açougueiro estava em sua loja e ficou surpreso quando um cachorro entrou. Ele espantou o cachorro, mas logo o cãozinho voltou. Só quando tentou espantá-lo novamente é que viu que o animal trazia um bilhete na boca. Ele pegou o bilhete e leu:

— Pode me mandar doze salsichas e uma perna de carneiro, por favor? Assinado...

Ele olhou e viu que dentro da boca do cachorro havia uma nota de 50 reais. Então, pegou o dinheiro, separou as salsichas e a perna de carneiro, colocou tudo em uma embalagem plástica junto com o troco, e pôs na boca do cachorro.

O açougueiro ficou impressionado e, como já era mesmo hora de fechar o açougue, decidiu seguir o animal. O cachorro desceu a rua, quando chegou ao cruzamento deixou a bolsa no chão, pulou e apertou o botão para fechar o sinal. Esperou pacientemente com o saco na boca até que o sinal fechasse e ele pudesse atravessar a rua. O açougueiro e o cão foram caminhando pela rua, até que o cão parou em uma casa e pôs as compras na calçada. Então, voltou um pouco, correu e se atirou contra a porta. Tornou a fazer isso. Ninguém respondeu na casa. Então, o cachorro circundou a casa, pulou um muro baixo, foi até a janela e começou a bater com a cabeça no vidro várias vezes. Depois disso, caminhou de volta para a porta, e foi quando alguém abriu a porta e começou a bater no cachorro. O açougueiro correu até essa pessoa e o impediu, dizendo:

— Por Deus do céu, o que você está fazendo? O seu cão é um gênio!

A pessoa respondeu:

Eu, um vencedor **165**

— Um gênio? Esta já é a segunda vez nesta semana que esse estúpido esquece a chave!!!

Moral da história: você pode continuar excedendo às expectativas, mas, para os olhos de alguns, você estará sempre abaixo do esperado.

FALA, FERNANDINHO...

Todo bom estudante, toda pessoa em seu trabalho, já se viu diante de uma situação como a que foi vivida pelo pobre cãozinho: lutou, conseguiu superar suas limitações, obteve um resultado fantástico em uma questão difícil, mas... o reconhecimento não veio. Ao contrário, vieram críticas daqueles que não perceberam o quanto seria importante – para a caminhada do nosso estudante/cachorro/herói – uma palavra de incentivo ou reconhecimento.

Talvez você já tenha passado por essa situação: ouviu uma pergunta feita pelo professor, sabia a resposta e até a respondeu... baixinho, quase murmurando, quando, de repente, o colega da cadeira vizinha grita altivo a resposta pretendida. Em troca, o professor faz os maiores elogios ao colega, sem perceber o verdadeiro autor da façanha.

O que fazer? Como evitar um pré-julgamento? Como não sofrer quando críticas tomam o lugar de merecido elogio? Simples: não faça nada!

Pode ficar certo de que, logo após sua vitória – e ela virá – muita coisa vai mudar nos que duvidaram do seu potencial. Será, então, a sua hora de reconhecer o que fizeram por você, em vez de se deixar invadir por sentimentos de revolta, de vingança. Agradeça a todos os que o ajudaram, mas não deixe de lhes dizer o quanto doeu a falta de apoio e de reconhecimento em alguns momentos.

Para quem só vive *reclamando*

DIZ A LENDA...

     Um monge vivia em um mosteiro, onde tinha de fazer voto de silêncio. Apenas lhe seria permitido pronunciar duas palavras a cada dez anos. Além disso, tinha de enfrentar um ritual muito severo. Acordava muito cedo, comia pouco, dormia em uma cama de pedra, trabalhava o dia inteiro. Os momentos mais tranquilos eram os momentos de oração, que duravam cerca de cinco horas seguidas, diariamente.

     Passados os primeiros dez anos, o mestre do mosteiro chamou o monge e lhe deu a permissão para que pronunciasse duas palavras, só duas.

O monge olhou para o mestre e disse:

— Cama dura.

Depois disso, voltou ao trabalho, e repetiu tudo o que fizera nos últimos dez anos. Cada dia parecia durar um século. Era tudo muito difícil, mas suportável, pensava o monge. Dez anos mais se passaram, e já eram vinte anos de vida monástica, quando o mestre novamente deu permissão para que o monge pronunciasse as suas duas palavras. Sem hesitar, o monge murmurou:

— Comida ruim.

Mais uma vez estabeleceu-se a rotina para o monge. Depois de mais uma década de silêncio e sacrifícios indescritíveis, o monge foi novamente ter com o mestre para pronunciar as suas duas palavras.

O monge estava visivelmente cansado, frágil, um farrapo. Levantou os olhos para o mestre e lhe disse:

— Eu desisto.

O mestre respondeu, imediatamente:

— Ótimo. Você só fez reclamar desde que chegou aqui.

FALA, FERNANDINHO...

Caramba. Que vida difícil é essa? Esse conto serve para ilustrar uma situação vivida por quase todos os que se arvoram para tentar uma vaga na Universidade Pública de qualidade ou passar em um concurso que valha a pena: todos, praticamente todos, têm de fazer sacrifícios. Às vezes, é necessário sacrificar horas de sono, atividades de lazer, companhia de pessoas queridas, refeições feitas com calma... muita limitação permeia a vida desses guerreiros. Porém, não há o que reclamar, realmente não há! Em vez disso, pense: quantos não dariam tudo para ter a oportunidade de sonhar os sonhos que você tem? Quantos estarão daqui a um ano ou dois na posição em que você estará?

Enfim, vale o que disse o poeta: tudo vale a pena se a alma não é pequena, ou como digo eu mesmo: se sacrifício fosse fácil, se chamava sacrifácil!

168   Eu, um vencedor

O grande desafio

DIZ A LENDA...

Em determinada floresta havia três leões. Um dia, o macaco, representante dos animais súditos, fez uma reunião com toda a bicharada da floresta e disse:

— Nós, os animais, sabemos que o leão é o rei dos animais, mas há uma dúvida no ar: há três leões fortes. Ora, a qual deles nós devemos prestar homenagem? Quem, dentre eles, deverá ser o nosso rei?

Os três leões souberam da reunião e comentaram entre si:

— É verdade, a preocupação da bicharada faz sentido, uma floresta não pode ter três reis. Precisamos saber qual de nós será o escolhido. Mas como descobrir?!

Essa era a grande questão. Lutar entre si eles não queriam, pois eram muito amigos. O impasse estava formado. De novo, todos os animais se reuniram para discutir uma solução para o caso.

Depois de usarem técnicas de reuniões do tipo *brainstorming*, entre outras, eles tiveram uma ideia excelente. O macaco se encontrou com os três felinos e contou o que eles decidiram:

— Bem, senhores leões, encontramos uma solução desafiadora para o problema. A solução está na Montanha Difícil.

— Montanha Difícil? Como assim?

— É simples – ponderou o macaco. — Decidimos que vocês três deverão escalar a Montanha Difícil. Aquele que primeiro atingir o pico será consagrado o rei dos reis.

A Montanha Difícil era a mais alta entre todas naquela imensa floresta. O desafio foi aceito.

No dia combinado, milhares de animais cercaram a Montanha para assistir à grande escalada. O primeiro tentou e não conseguiu. Foi derrotado. O segundo tentou e também não conseguiu. Foi derrotado. O terceiro tentou, também não conseguiu e, portanto, foi derrotado. Os animais estavam curiosos e impacientes, afinal, qual deles seria o rei, uma vez que os três foram derrotados?

Foi nesse momento que uma águia, idosa e de grande sabedoria, pediu a palavra:

— Eu sei quem deve ser o rei!!!

Todos os animais fizeram um silêncio de grande expectativa.

— A senhora sabe, como? – todos gritaram para a águia.

— É simples, confessou a sábia águia. — Eu estava voando entre eles, bem de perto, e, quando eles voltaram fracassados para o vale, escutei o que cada um deles disse para a Montanha.

Intrigados, os animais perguntaram à águia o que ela tinha ouvido, e ela respondeu:

— O primeiro leão disse: "Montanha, você me venceu!". O segundo leão também disse: "Montanha, você me venceu!". Mas o terceiro leão disse: "Montanha, você me venceu, por enquanto! Mas você, Montanha, já atingiu seu tamanho final, e eu ainda estou crescendo". A diferença, completou a águia, é que o terceiro leão teve uma atitude de vencedor diante da derrota, e quem pensa assim é maior do que seu problema. É rei de si mesmo, está preparado para ser rei dos outros.

Os animais da floresta aplaudiram entusiasticamente o terceiro leão que foi coroado rei entre os reis.

FALA, FERNANDINHO...

Essa pequena fábula destina-se aos que sofreram ou que sofrerão alguma reprovação. É doloroso, e muito. Mesmo que não tenha o estudante feito tudo o que podia, ainda assim, é dolorosa a derrota!

Mas o fracasso, muitas vezes, é apenas aparente, temporário. Usualmente os seus frutos são maravilhosos e o crescimento – que deles decorre – é enorme!

Se a reprovação veio porque você ainda não está bem preparado, reconheça!

Se ela veio por alguma injustiça, resigne-se!

Se não souber a sua causa, descubra!

Em todas as situações possíveis, recomece!

Atitude

5

Talvez este seja o principal capítulo deste livro. É muito comum ver pessoas que têm tudo para dar certo cometerem erros básicos de atitude, deixando-se levar pela opinião dos outros, perdendo o controle diante de qualquer coisa, sofrendo em demasia com pequenas intempéries, jogando em time contrário ao seu.

Dedico este capítulo aos meus alunos e ex-alunos, aos quais peço que nunca esqueçam: "Vitória é pouco, derrota é nada... atitude é tudo".

Feijões em seu *sapato*

DIZ A LENDA...

Reza a lenda que um monge, próximo de se aposentar, precisava encontrar um sucessor. Entre seus discípulos, dois já haviam dado mostras de que eram os mais aptos, mas apenas um o poderia suceder. Para sanar as dúvidas, o mestre lançou um desafio, para pôr a sabedoria dos dois à prova: ambos receberiam alguns grãos de feijão, que deveriam colocar dentro dos sapatos, para então empreender a subida de uma grande montanha.

Dia e hora marcados, começa a prova. Nos primeiros quilômetros, um dos discípulos começou a mancar. No meio da subida, parou e tirou os sapatos. As bolhas em seus pés já sangravam, causando imensa dor. Ficou para trás, observando seu oponente sumir de vista.

ELENOVSKY/SHUTTERSTOCK

Prova encerrada, todos de volta ao pé da montanha para ouvir do monge o óbvio anúncio. Após o festejo, o derrotado aproxima-se do vitorioso e pergunta como é que ele havia conseguido subir e descer com os feijões nos sapatos:

— Antes de colocá-los no sapato, eu os cozinhei.

FALA, FERNANDINHO...

Carregando feijões, ou problemas, há sempre um jeito mais fácil de levar a vida. Problemas são inevitáveis. Já a duração do sofrimento é você quem determina. É isso mesmo: decida durante quanto tempo você quer – ou aceita – o sofrimento, a tristeza, a paralisia... Passado o tempo estimulado, pule da cama e vá à luta.

Vamos, cozinheiro, está na hora de colocar o avental e "empurrar com a barriga" os problemas insolúveis, pelo menos enquanto você não dispuser das soluções que, certamente, aparecerão.

Essa história me lembra uma oração muito bonita e pertinente: "Senhor, dá-me serenidade para aceitar tudo o que não pode ou não deve ser mudado; dá-me forças para mudar tudo o que pode ou deve ser mudado; mas, acima de tudo, dá-me sabedoria para distinguir uma coisa da outra".

Fuja que
lá vem o leão!

DIZ A LENDA...

No meio de uma mata fechada estavam dois amigos. De repente, apareceu um leão faminto. Os dois colegas se entreolharam, estremeceram de medo, apavoraram-se!

Um deles sentou-se em uma pedra, tirou a bota pesada que usava e colocou um tênis leve e confortável, mas bem resistente. Nesse ínterim, o outro indagou:

— Temos de pensar em algo; urgentemente; o leão vai nos devorar em pouco tempo. Será que você acha, seu tolo, que com esse tênis vai correr mais do que o leão?

— Claro que não! Mas com este tênis eu vou correr mais do que você.

FALA, FERNANDINHO...

O papel dessa historinha não é – acredite – fazer apologia ao egoísmo, ao individualismo. Ela foi reproduzida nesta página para lhe mostrar que competitividade exige ações adequadas, às vezes ações rápidas, frequentemente ações um pouco ousadas... só isso. Apesar do tom engraçado, é importante salientar que no ENEM ou em concursos públicos e vestibulares é necessário correr mais do que os "concorrentes", fazer mais e sobretudo fazer melhor as tarefas exigidas.

Seja ético, mas seja lutador, forte, determinado.

Parábola do
porco e da vaca

DIZ A LENDA...

Um dia o porco foi reclamar com a vaca por que ninguém lhe dava valor.

— Todos me desprezam. Afinal – disse o porco –, dou tudo o que tenho aos homens: eles consomem minha carne, usam meus pelos para fazer pincéis e aproveitam até meus ossos. Ainda assim sou um animal desconsiderado. O mesmo não acontece com você, que dá apenas o leite e é reverenciada por todos – concluiu o pobre porco.

A vaca, que ouvia com atenção, falou:

— Talvez seja porque eu dou um pouco de mim todos os dias, enquanto estou viva, e você só tem utilidade depois de morto.

FALA, FERNANDINHO...

O ditado popular diz que "de grão em grão, a galinha enche o papo", ou seja, de pequenas doses é que é feita a sua nutrição.

A sua vitória no ENEM, no vestibular ou em um concurso público não será diferente. Dê um pouco de si a cada dia, todos os dias, sem trégua. Não espere para "dar o máximo" na semana da prova. Não programe para o próximo feriado uma maratona de estudos. Ao contrário, vá devagar (ou rápido, o que é melhor) e sempre.

Outro enfoque interessante que podemos dar a esse texto refere-se ao fato de que muitos juram: "Quando eu for médico, vou ajudar os pobres" ou "quando eu for rico, vou dividir parte da minha fortuna". Se quer ajudar pessoas, comece já! Comece sorrindo para elas, respeitando-as, falando com todos, orando por todos, olhando para todos.

Não corra atrás das *borboletas!*

DIZ A LENDA...

— Mestre, como faço para não me aborrecer com as pessoas? Algumas falam demais, falam de nossa vida, gostam de fazer intriga, fofoca; outras são ignorantes. Algumas são indiferentes. Fico magoado com as mentirosas. Sofro com as que caluniam.

— Pois viva como as flores! – advertiu o mestre.

— Como é viver como as flores? – perguntou o discípulo.

— Repare nestas flores – continuou o mestre, apontando lírios que cresciam no jardim. — Elas nascem no esterco, entretanto, são puras e perfumadas. Extraem do adubo malcheiroso tudo o que lhes é útil e saudável, mas não permitem que o azedume da terra manche o frescor de suas pétalas. É justo angustiar-se com as próprias culpas, mas não é sábio permitir que os vícios dos outros o importunem. Os defeitos deles são deles, e não seus. Se não são seus, não há razão para aborrecimentos. Exercite, pois, a virtude de rejeitar todo mal que vem de fora. Isso é viver como as flores.

Não corra atrás das borboletas – cuide do seu jardim e elas virão até você.

FALA, FERNANDINHO...

  Seja uma flor. Atraia as coisas boas dividindo com o mundo o que você tem de melhor. Uma flor atrai a todos exibindo sua cor, seu cheiro, suas formas... Você também pode atrair tudo de bom para si mesmo, compartilhando com o mundo o que você tem de melhor: seu senso de humor, sua pureza de coração, sua generosidade, sua sinceridade, sua paz de espírito, até... seus bens materiais.

  Não tenha medo de oferecer um pouco do que tem – não há de lhe fazer falta e poderá fazer a diferença na vida de outros.

  Aquilo que nem lhe serve pode salvar vidas. Pense nisso.

O justo preço da
batida do martelo

DIZ A LENDA...

Um caldeireiro foi contratado para consertar um enorme sistema de caldeiras de um velho navio a vapor que não funcionava bem.

Primeiro fez uma série de perguntas ao engenheiro, aos marinheiros e aos operadores das caldeiras.

Em seguida, dirigiu-se à casa das máquinas. Durante alguns instantes observou aquele labirinto de tubos retorcidos que compunha a estrutura, escutou o barulho das caldeiras, observou o vapor que saía. Apalpou alguns tubos, depois procurou em sua pequena caixa de ferramentas alguma coisa e... dela retirou um pequeno e velho martelo, com o qual bateu apenas uma vez em uma válvula prateada de aspecto brilhante... De repente, o sistema inteiro começou a trabalhar com perfeição, e o caldeireiro voltou para sua casa.

Quando o dono da embarcação recebeu a conta de 5 mil reais pelo serviço, queixou-se ao caldeireiro argumentando que ele só havia ficado na casa das máquinas por apenas 10 minutos. O caldeireiro disse que o valor era aquele mesmo.

Diante do impasse, o dono do navio solicitou, então, uma conta pormenorizada. Eis a descrição da nota de prestação do serviço:

Conserto com o martelo .... R$ 5,00
Saber onde martelar .... R$ 4.995,00
Total do serviço .... R$ 5.000,00

FALA, FERNANDINHO...

Cuidado com essa historinha: ela pode deixar em sua mente a impressão de que há sempre soluções milagrosas, mágicas, fáceis. O

ELNUR/SHUTTERSTOCK

objetivo desse texto não é esse. Ao contrário, ele serve para que você aprenda a valorizar a melhor maneira de fazer as coisas.

Saber dar valor às coisas certas é uma arte. Com frequência, nos deparamos com coisas que até parecem semelhantes, mas não o são. Um livro jamais deve ser substituído por um resumo; a participação efetiva nas atividades pedagógicas – aulas e seminários incluídos – é algo indispensável e não deve ser negligenciada sob pretexto de "depois eu dou uma olhada em casa"; estudar em uma mesa, com iluminação, silêncio e material adequados não deve ser trocado por um estudo qualquer, feito na cama, regado à preguiça. Muitas vezes não percebemos que estamos fazendo péssimas escolhas com o intuito de economizar tempo, dinheiro ou de simplificar tudo.

Não se esqueça: há coisas que têm preço... outras têm valor.

Provocando o
habilidoso samurai

DIZ A LENDA...

Perto de Tóquio, vivia um grande samurai, já idoso, que agora se dedicava a ensinar a arte da meditação aos jovens. Apesar de sua idade, corria a lenda de que ainda era capaz de derrotar qualquer adversário.

Certa tarde, um guerreiro, conhecido por sua total falta de escrúpulos, apareceu por ali. Era famoso por utilizar a técnica da provocação. Esperava que seu adversário fizesse o primeiro movimento e, dotado de uma inteligência privilegiada para observar os erros cometidos, contra-atacava com velocidade fulminante. O jovem e impaciente guerreiro jamais havia perdido uma luta. Conhecendo a reputação do samurai, estava ali para derrotá-lo e aumentar sua fama.

Todos os estudantes se manifestaram contra a ideia, mas o velho e sábio samurai aceitou o desafio. Foram todos para a praça da cidade. Lá, o jovem começou a insultar o velho mestre. Chutou algumas pedras em sua direção, cuspiu em seu rosto, gritou todos os insultos que conhecia, ofendendo, até mesmo, seus ancestrais. Durante horas, fez de tudo para provocá-lo, mas o velho sábio permaneceu impassível. No fim da tarde, sentindo-se exausto e humilhado, o impetuoso guerreiro desistiu e retirou-se.

Desapontados pelo fato de o mestre ter aceitado tantos insultos e tantas provocações, os alunos perguntaram:

— Como o senhor pôde suportar tanta indignidade? Por que não usou sua espada, velho mestre, mesmo sabendo que poderia perder a luta, em vez de se mostrar covarde e medroso diante de todos nós, seus discípulos?

— Se alguém chega até você com um presente, e você não o aceita, a quem pertence o presente? – perguntou o samurai.

— A quem tentou entregá-lo – respondeu um dos discípulos.

— O mesmo vale para a inveja, a raiva e os insultos – disse o mestre. — Quando não são aceitos, continuam pertencendo a quem os carrega consigo. A sua paz interior depende exclusivamente de você. As pessoas não podem lhe tirar a serenidade, só se você permitir!

FALA, FERNANDINHO...

Nunca aceite provocações. Não fique refém dos que não gostam de você... aprenda a ignorá-los. Tenha cuidado com os que tentam lhe tirar do sério, desconcentrando-o com atitudes ou palavras que irritam, que incomodam.

Seus amigos, verdadeiramente amigos, nada farão para provocá-lo, não tentarão lhe passar para trás, não usarão o fato de conhecer suas fraquezas para diminuí-lo. Todos os que fizerem o contrário não são seus amigos e devem ser tratados com reserva.

O menino que
lutava judô

DIZ A LENDA...

Um garoto de 10 anos decidiu praticar judô, apesar de ter perdido o braço esquerdo em um acidente de carro. Disposto a enfrentar as dificuldades e suas limitações, começou as lições com um velho mestre japonês.

O menino ia muito bem. Mas, sem entender o porquê, após três meses de treinamento, o mestre tinha lhe ensinado somente um movimento. O garoto, então, disse:

— Mestre, não devo aprender mais movimentos?

O mestre respondeu-lhe calmamente e com convicção:

— Este é realmente o único movimento que você sabe, mas é o único de que precisará saber.

Sem entender completamente, mas acreditando no mestre, o menino manteve-se treinando. Meses mais tarde, o mestre inscreveu o menino em seu primeiro torneio.

Surpreendendo-se, o menino ganhou facilmente seus dois primeiros combates. O terceiro combate revelou ser o mais difícil, mas, depois de algum tempo, seu adversário tornou-se impaciente e agitado. Foi então que o menino aplicou o único movimento que sabia para ganhar a luta.

Espantado ainda por seu sucesso, o menino estava agora nas finais do torneio. Desta vez, seu oponente era bem maior, mais forte e mais experiente.

Preocupado com a possibilidade de o garoto se machucar, os organizadores cogitaram insistentemente de cancelar a luta, quando o mestre interveio:

— De forma alguma! Deixe-o continuar.

Dessa forma, o garoto, usando os ensinamentos do mestre, entrou para a luta e, quando teve a oportunidade, usou seu movimento para prender o adversário.

Foi assim que o menino ganhou a luta e o torneio. Era o campeão. Mais tarde, em casa, o garoto e o mestre reviram cada movimento, em cada luta. Então, o menino criou coragem para perguntar o que estava realmente em sua mente:

— Mestre, como eu consegui ganhar o torneio com apenas um movimento?

— Você ganhou por duas razões – respondeu o mestre. — Em primeiro lugar, você dominou um dos golpes mais difíceis do judô; em segundo, a única defesa conhecida contra esse movimento é o seu oponente agarrar seu braço esquerdo.

A maior fraqueza do menino tinha se transformado em sua maior força. Assim, nós também podemos usar nossa fraqueza para que ela se transforme em nossa força.

FALA, FERNANDINHO...

Sua fraqueza pode se tornar a sua força desde que você saiba usá-la. Não é raro encontrarmos pessoas que conseguiram transformar completamente uma situação adversa em motivo de renovação e força, saindo fortalecidas de situações aparentemente sem saída.

Tive um aluno chamado Cássio – hoje médico – que trabalhava como "boy" usando uma moto que comprara a prestações justamente para aquele serviço. Ao terminar de pagar o bem, era época de vestibular e ele se inscreveu, fez a prova e passou... em Ciências Biológicas, curso que não desejava. Queria ser médico, e queria muito. O que fez? Aproveitou sua aprovação em Biológicas, encheu-se de forças e de esperança e, num ato de coragem, vendeu a moto, abandonou o emprego e se fez estudante de verdade, daqueles que acordam para estudar e estudam até dar sono. Resultado: no fim daquele ano estava aprovado em Medicina na Universidade de Pernambuco, onde se formaria seis anos mais tarde.

O sapinho

vencedor

DIZ A LENDA...

Era uma vez uma corrida de sapinhos! O objetivo era atingir o alto de uma grande torre. Havia no local uma multidão assistindo. Muita gente para vibrar e torcer por eles.

Começou a competição. Mas, como a multidão não acreditava que os sapinhos pudessem alcançar o alto daquela torre, o que mais se ouvia era: "Que pena!!! Esses sapinhos não vão conseguir... Não vão conseguir..." E os sapinhos começaram a desistir. Mas havia um que persistia, e continuava a subida em busca do topo. A multidão continuava gritando: "Que pena!!! Vocês não vão conseguir!". E os sapinhos estavam mesmo desistindo, um a um, menos aquele sapinho que continuava tranquilo, embora cada vez mais arfante. Já ao final da competição, todos desistiram, menos ele.

A curiosidade tomou conta de todos. Queriam saber o que tinha acontecido. E, assim, quando foram perguntar ao sapinho como ele havia conseguido concluir a prova, descobriram que ele era... surdo!

FALA, FERNANDINHO...

Não duvide de nada, a não ser de quem duvida de você!

Acredite no seu potencial, mas não espere que os outros também acreditem; não permaneça em atitude passiva, esperando ouvir palavras de incentivo e apoio. Se depender dos outros para lutar e vencer, você vai permanecer estático, paralisado, imóvel.

Compre, ache ou fabrique um

DIZ A LENDA...

Durante uma viagem, recebi uma mensagem de minha secretária: "Faltou um tijolo de vidro para a reforma da cozinha", dizia ela. "Envio o projeto original e o jeito que o pedreiro dará para compensar a falta." De um lado, havia o desenho que meu marido fizera: fileiras harmoniosas, com abertura para a ventilação. Do outro lado, o projeto que resolvia a falta do tijolo: um verdadeiro quebra-cabeça, onde os quadrados de vidro se misturavam sem nenhuma estética.

"Comprem o tijolo que falta", escreveu meu marido. Assim foi feito, e o desenho original foi mantido. Naquela tarde, fiquei pensando muito tempo no ocorrido; quantas vezes, pela falta de um simples tijolo, deturpamos completamente o projeto original de nossa vida.

FALA, FERNANDINHO...

Para um estudante, vestibulando ou concurseiro, esse texto traz uma mensagem importante: é necessário adotar medidas que funcionem, não apenas que nos agradem. É fundamental participar do maior número possível de avaliações e durante sua preparação usar os resultados como base para a tomada (ou retomada) de posicionamento. Seja objetivo, focado, realista. Descubra o modo mais eficiente – que nem sempre é o mais agradável – de aumentar sua produtividade. Para uns, estudar pela manhã é um suplício e não funciona, não dá resultado; para outros, essa é a hora mais produtiva do dia. Para uns, debater com amigos traz dispersão; para outros, motivação. Enfim, utilize o conceito de gestão por resultados e melhore sobremaneira o seu desempenho geral.

No fundo do *poço*

DIZ A LENDA...

Um fazendeiro, que lutava com muitas dificuldades, possuía alguns cavalos para ajudar nos trabalhos em sua pequena fazenda. Um dia, seu capataz veio trazer a notícia de que um dos cavalos havia caído em um velho poço abandonado.

O poço era muito profundo e seria extremamente difícil tirar o cavalo de lá de dentro. O fazendeiro foi rapidamente até o local do acidente, avaliou a situação, certificando-se de que o animal não havia se machucado. Mas, pela dificuldade e pelo alto custo para retirá-lo do fundo do poço, achou que não valia a pena investir na operação de resgate. Tomou, então, a difícil decisão: determinou ao capataz que sacrificasse o animal, jogando terra no poço até enterrá-lo, ali mesmo. E assim foi feito.

Os empregados, comandados pelo capataz, começaram a lançar terra para dentro do poço de forma que cobrisse o cavalo. Mas, à medida que a terra caía em seu dorso, o animal a sacudia e ela ia se acumulando no fundo, possibilitando ao cavalo ir subindo.

Logo os homens perceberam que o cavalo não se deixava enterrar, mas, ao contrário, estava subindo à medida que a terra enchia o poço, até que, finalmente, conseguiu sair!

FALA, FERNANDINHO...

Gabriel, o Pensador, tem uma música que diz mais ou menos assim: "Viver é como andar de bicicleta: se parar, você cai!". Assim também é o que ocorre com qualquer um que está nesta dura caminhada rumo à Universidade ou com aqueles que almejam um bom emprego. Se parar por alguns dias... enferruja rapidinho! Por isso, faça como o nosso heroico cavalo: sacuda-se, mexa-se, movimente-se, mas não pare; mesmo que esteja no fundo do poço... não pare! Note que o cavalo vivenciou três problemas em sequência: caiu no poço, foi considerado "perdido" pelo dono e, finalmente, jogaram-lhe inúmeras pás de terra no lombo... haja sofrimento! Mas, ao contrário de se encolher e aceitar a morte, ele se sacudiu, se balançou e... sobreviveu!

WOR SANG JUN/SHUTTERSTOCK

Por que o cão não se *levanta?*

DIZ A LENDA...

Um viajante parou com o seu carro em um posto de gasolina à beira da estrada. Enquanto o frentista o abastecia, o viajante observou um cachorro deitado, uivando de dor. Curioso, perguntou ao frentista o que tinha acontecido com o cão. O frentista respondeu:

— Ele está deitado em cima de um prego!

O viajante perguntou:

— Mas por que ele não se levanta?

O frentista respondeu:

— É porque o prego não o machucou o suficiente para ele tomar a iniciativa de se levantar.

FALA, FERNANDINHO...

Muita gente sofre de uma doença grave chamada autopiedade. Vive e se alimenta de um sofrimento suportável, mas contínuo. Mantém situações que pouco contribuem para a sua vida a fim de ter do que se lamentar nas conversas com os colegas. Isso não ajuda em nada!

Se esse é o seu caso, quando você vai parar de reclamar e reagir? Você não é o único a ter problemas, e tê-los faz parte da vida.

Vá à luta!

A lesma, o cachorro e as  pulgas

DIZ A LENDA...

Duas pulgas conversavam e então uma comentou com a outra:

— Sabe qual é o nosso problema? Nós não voamos, só sabemos saltar. Daí nossa chance de sobrevivência, quando somos percebidas pelo cachorro, é zero. É por isso que existem muito mais moscas do que pulgas.

E elas contrataram uma mosca como consultora, entraram em um programa de reengenharia de voo e saíram voando. Passado algum tempo, a primeira pulga falou para a outra:

— Quer saber? Voar não é o suficiente, porque ficamos grudadas ao corpo do cachorro e nosso tempo de reação é bem menor do que a velocidade da coçada dele. Temos de aprender a fazer como as abelhas, que sugam o néctar e levantam voo rapidamente.

E elas contrataram o serviço de consultoria de uma abelha, que lhes ensinou a técnica do chega-suga-voa. Funcionou, mas não resolveu. A primeira pulga explicou o porquê:

— Nossa bolsa para armazenar sangue é pequena, por isso temos de ficar muito tempo sugando. Escapar, a gente até escapa, mas não estamos nos alimentando direito. Temos de aprender como os pernilongos fazem para se alimentar com aquela rapidez.

E um pernilongo lhes prestou uma consultoria para incrementar o tamanho do abdômen. Problema resolvido, mas por pouco tempo. Como tinham ficado maiores, a aproximação delas era facilmente percebida pelo cachorro, e elas eram espantadas antes mesmo de pousar. Foi aí que encontraram uma saltitante pulguinha:

— Ué, vocês estão enormes! Fizeram plásticas?

— Não, reengenharia. Agora somos pulgas adaptadas aos desafios do século XXI. Voamos, picamos e armazenamos mais alimento.

— E por que estão com cara de famintas?

— Isso é temporário. Já estamos fazendo consultoria com um morcego, que vai nos ensinar a técnica do radar. E você?

— Ah, eu vou bem, obrigada. Forte e sadia.

Era verdade. A pulguinha estava viçosa e bem alimentada. Mas as pulgonas não quiseram dar a pata a torcer:

— Mas você não está preocupada com o futuro? Não pensou em uma reengenharia?

— Quem disse que não? Contratei uma lesma como consultora.

— O que as lesmas têm a ver com pulgas?

— Tudo. Eu tinha o mesmo problema que vocês duas. Mas, em vez de dizer para a lesma o que eu queria, deixei que ela avaliasse a situação e me sugerisse a melhor solução. E ela passou três dias ali, quietinha, só observando o cachorro e então ela me deu o diagnóstico.

— E o que a lesma sugeriu fazer?

— Não mude nada. Apenas sente no cocuruto do cachorro. É o único lugar que a pata dele não alcança.

FALA, FERNANDINHO...

Essa fábula pode servir a todos de duas formas: primeiro, destaco o fato de que a solução do problema foi obtida com alguém cuja opinião todos desprezariam, a lesma. Justamente esse animalzinho asqueroso, lerdo, com cara de bobo é que decifrou o enigma do cachorro. Como isso foi possível? Com observação e paciência... É isso mesmo: essas duas atribuições – observação e paciência – fazem toda a diferença na hora de encontrar soluções difíceis para qualquer tipo de problema. Em segundo lugar, destaco o fato de que mesmo um cachorro, animal tão rápido, predador, esperto, tem seus pontos fracos e pode ser derrotado por uma simples pulguinha, um minúsculo ser que, munido de uma estratégia adequada, consegue alcançar objetivos aparentemente impossíveis!

Quem é que *manda aqui?*

DIZ A LENDA...

Um colunista acompanhava um amigo a uma banca de jornais. O amigo cumprimentou o jornaleiro amavelmente, mas como resposta recebeu um tratamento rude e grosseiro. Pegando o jornal que foi atirado em sua direção, o amigo do colunista sorriu polidamente e desejou um bom fim de semana ao jornaleiro.

Quando os dois desciam pela rua, o colunista perguntou:

— Ele sempre trata você com tanta grosseria?

— Sim, infelizmente foi sempre assim...

— E você é sempre tão polido e amigável com ele?

— Sim, procuro ser.

— Por que você é tão educado, já que ele é tão grosso?

— Porque não quero que ele decida como devo agir.

FALA, FERNANDINHO...

Quem está no controle? Quem decide a forma como você reage às coisas: você ou os outros? Claro que essa historinha ilustra o quanto podemos ser influenciados (ou não) pelo ambiente que nos cerca, sobretudo o ambiente humano. Para os estudandes, fica uma mensagem bem específica: decida você suas metas, seus objetivos, seu método, suas estratégias de estudo... decida tudo! Assuma uma postura clara de quem está, sim, estudando para passar, de quem quer e vai vencer. E se não der certo?

E se eu não for aprovado e alguém ficar me olhando atravessado... como vou reagir? Aja naturalmente, do seu modo, ou seja, continue firme em seus propósitos, pois uma batalha pode até ser perdida, mas a guerra só termina com a sua vitória!

Eu, um vencedor

Começou o
tempo da esperança

DIZ A LENDA...

Dois rabinos tentam de todas as maneiras levar conforto espiritual aos judeus na Alemanha nazista. Durante dois anos, embora mortos de medo, enganam seus perseguidores e realizam ofícios religiosos em várias comunidades. Mas um dia são presos.

Um dos rabinos, apavorado com o que poderia acontecer dali por diante, não parava de rezar. O outro, ao contrário, passava o dia inteiro dormindo.

— Por que você está agindo assim? – pergunta o rabino assustado.

— Para poupar minhas forças. Sei que vou precisar delas daqui por diante – diz o outro.

— Mas você não está com medo? Não sabe o que pode nos acontecer?

— Eu tive medo até o momento da prisão. Agora que estou preso, de que adianta temer o que já aconteceu? O tempo do medo acabou; agora começa o tempo da esperança.

FALA, FERNANDINHO...

Troque o medo pela esperança... é uma boa troca.

Arranque de dentro de si o receio do insucesso, da reprovação, pois, se é verdade que você pode se dar mal nas provas, também é verdade que pode suceder o contrário.

Mas, se a derrota bater à sua porta, deixe-a entrar, receba-a com humildade e trate-a como quem trata um amigo querido que está de partida e que nunca mais voltará.

Converse com a derrota e pergunte-lhe o que ela tem para você, o que você precisa aprender com ela, o que a trouxe ao seu encontro. Depois, calmamente, reflita: o tempo do medo acabou, começou o tempo da esperança... viva esse novo tempo.

Encha-se de vontade de viver e despeça-se, <u>definitivamente</u>, da derrota!

Chame outro

tipo de médico

DIZ A LENDA...

Um poderoso monarca chamou um santo padre – que todos diziam ter poderes curativos – para ajudá-lo com as dores na coluna.

— Deus nos ajudará – disse o homem santo. — Mas antes vamos entender a razão dessas dores. Sugiro que sua majestade se confesse agora, pois a confissão faz o homem enfrentar seus problemas e o liberta de muitas culpas.

Aborrecido por ter de pensar em tantos problemas, o rei disse:

— Não quero falar desses assuntos; preciso de alguém que cure minhas dores sem fazer perguntas.

O sacerdote saiu e voltou meia hora depois com outro homem.

— Eu acredito que a palavra pode aliviar a dor e me ajudar a descobrir o caminho certo para a cura – disse. — Entretanto, o senhor não deseja conversar, então não posso ajudá-lo. Mas eis aqui alguém de quem o senhor precisa: meu amigo é veterinário, e não costuma conversar com seus pacientes.

FALA, FERNANDINHO...

Há muita gente que se comporta exatamente como esse paciente: quer ser curado, mas não aceita falar dos seus males; quer aprender, mas não quer se submeter às avaliações; quer ser ajudado, mas não tem humildade suficiente para pedir ajuda.

Para os que estão se preparando para o ENEM, um vestibular ou concurso, este ponto é fundamental. Sem avaliação, não há diag-

nóstico. Sem diagnóstico, as deficiências não aparecem. Sem conhecer as próprias limitações, ninguém consegue vencê-las. Então, estabelece-se um ciclo vicioso, no qual o estudante não percebe, mas fica refém da sua própria paralisia, gerada pelo medo de descobrir o óbvio: nosso maior inimigo mora em nosso próprio coração!

Parábola das *asas e raízes*

DIZ A LENDA...

"Bendito aquele que consegue dar aos seus filhos asas e raízes", diz um provérbio.

FALA, FERNANDINHO...

Precisamos das raízes: existe um lugar no mundo onde nascemos, aprendemos uma língua, descobrimos como nossos antepassados superavam seus problemas. Em um dado momento, passamos a ser responsáveis por esse lugar.

Precisamos das asas: elas nos mostram os horizontes sem fim da imaginação, nos levam até nossos sonhos, nos conduzem a lugares distantes. São as asas que nos permitem conhecer as raízes de nossos semelhantes, e aprender com eles.

Bendito quem tem asas e raízes; e pobre de quem tem apenas uma das duas.

Esse texto nos ensina a importância de conhecer a estrada da nossa vida. De onde viemos? Para onde vamos? Quem foram nossos ancestrais e que contribuições culturais, sociais, religiosas deixaram em mim? Quem serão meus filhos e o que para eles deixarei?

Ter boas raízes nos dá segurança; ter asas, felicidade; ter boas raízes nos fixa à realidade; ter asas nos encaminha para o céu; ter boas raízes nos mostra que não devemos ter pressa; ter asas nos mostra que podemos alcançar o infinito.

Reconheça suas bases, mas não se apegue demasiadamente a elas; descubra novos horizontes, mas não se distancie demais do continente.

Uma grande *bailarina*

DIZ A LENDA...

Desde pequena, Svetlana só tinha conhecido uma paixão: dançar e sonhar em ser uma *Gran Ballerina* do Bolshoi Ballet. Seus pais haviam desistido de lhe exigir empenho em qualquer outra atividade. Os rapazes já haviam se resignado: o coração de Svetlana tinha lugar para somente uma paixão e tudo o mais era sacrificado pelo dia em que se tornaria "a Bailarina" do Bolshoi. Haviam criado um apelido especial para ela: *lankina*, que no antigo dialeto queria dizer "a que flutua". Era uma forma carinhosa de brincar com a bela e talentosa Svetlana, pois a palavra também podia significar "a que divaga" ou "a que sonha acordada".

Um dia, Svetlana teve sua grande chance. Conseguira uma audiência com Sergei Davidovitch, *Ballet Master* do Bolshoi, que estava selecionando aspirantes para a Companhia. Dançou como se fosse seu último dia na Terra. Colocou tudo o que sentia e o que aprendera em cada movimento, como se uma vida inteira pudesse ser contada em um único compasso. Ao final, aproximou-se do *Ballet Master* e perguntou-lhe:

— Então, o senhor acha que eu posso me tornar uma *Gran Ballerina*?

— Não! – disse ele, secamente.

Na longa viagem de volta a sua aldeia, Svetlana, em meio às lágrimas, imaginou que nunca mais aquele "Não!" deixaria de reverberar em sua mente. Meses se passaram até que pudesse novamente calçar uma sapatilha ou fazer seu alongamento em frente ao espelho.

Dez anos mais tarde, Svetlana, já uma estimada professora de *ballet*, criou coragem de ir à apresentação anual do Bolshoi em sua re-

Eu, um vencedor **199**

gião. Sentou-se bem à frente e notou que o Sr. Davidovitch ainda era o *Ballet Master*. Após o concerto, aproximou-se do cavalheiro e contou--lhe o quanto ela queria ter sido bailarina do Bolshoi e o quanto doera, anos atrás, ouvir-lhe dizer que não seria capaz.

— Mas, minha filha, eu digo isso a todas as aspirantes – respondeu o Sr. Davidovitch.

— Como o senhor poderia cometer uma injustiça dessas? Eu dediquei toda a minha vida! Todos diziam que eu tinha o dom. Eu poderia ter sido uma *Gran Ballerina* se não fosse o descaso com que o senhor me avaliou!

Havia solidariedade e compreensão na voz do *Master*, que não hesitou ao responder:

— Perdoe-me, minha filha, mas você nunca poderia ter sido grande o suficiente se você foi capaz de abandonar seu sonho por causa da opinião de outra pessoa.

FALA, FERNANDINHO...

Essa história me lembra uma infinidade de gente que me procura e diz: você acha que eu sou bom, o suficiente, para ser médico? E eu – médico que sou, além de professor – respondo: Claro que sim! Mas fico pensando cá com os meus botões: Meu Deus, como é que alguém vai ser algo na vida se duvida dessa possibilidade?!

Algo muito parecido ocorre com os que se preparam para determinado concurso, mas duvidam que sejam capazes de vencer essa etapa, porque não conseguem se ver na pele dos que, já aprovados, executam a função desejada.

Nunca pergunte aos outros até onde vai a sua própria estrada. Ao contrário, comunique a todos aonde vai chegar; mostre a cada um que você é determinado e que o trem da sua vida tem como destino final a felicidade plena, a realização profissional, a vitória.

Jogue fora o *seu coração*

DIZ A LENDA...

Um velho peregrino estava a caminho das montanhas do Himalaia, no cortante frio de inverno, quando começou a nevar.

Disse-lhe o dono de uma hospedaria:

— Como conseguirá chegar lá com esse tempo, meu bom homem?

O velho respondeu alegremente:

— Meu coração chegou lá primeiro... Desse modo, é fácil para o resto de mim segui-lo.

FALA, FERNANDINHO...

Jogue fora o seu coração. Atire-o na direção do seu futuro, enterre-o no terreno que deseja morar, lance-o por cima do muro da casa da pessoa amada. Assim se faz um verdadeiro compromisso com o futuro. Tenha coragem, encha-se de forças e vá atrás do seu coração.

Raras, porém afortunadas, são as pessoas que percebem que as nossas vitórias ocorrem sempre após alguns sacrifícios e perdas...

Não pare, não fuja, não desanime: vá atrás dos seus sonhos!

Conheça sempre o *seu lugar*

DIZ A LENDA...

Conta-se que em uma aldeia distante, ao sul de Varsóvia, José, um de seus habitantes mais pobres, recebeu um bilhete de trem para visitar um primo muito rico. Ele chegou à ferroviária segurando o seu bilhete. Como nunca tinha viajado de trem, não sabia como agir. Percebeu que havia um grupo de pessoas bem-vestidas e imaginou que não deveria se sentar com elas.

No fundo da estação, ele viu um grupo de malandros maltrapilhos. Ele se juntou a eles imaginando que aquele era o seu lugar.

Os passageiros da primeira classe embarcaram, mas os maltrapilhos ficaram aguardando. De repente, ouviu-se um apito e o trem começou a se movimentar. Os malandros pularam para dentro do vagão de bagagens, e José entrou com eles, ficando encolhido em um canto escuro do vagão, segurando a sua passagem com medo.

Ele aguentou firme, imaginando que aquele era o seu lugar, até que a porta do vagão abriu e entrou o maquinista acompanhado de dois policiais. Eles reviraram as bagagens até que encontraram José e seus amigos no fundo do vagão. O maquinista então perguntou:

— Posso ver os bilhetes?

José prontamente se levantou e apresentou o seu bilhete. O maquinista analisou a passagem e começou a gritar:

— Meu rapaz, você tem uma passagem de primeira classe. O que você está fazendo aqui no vagão de carga?

E concluiu:

— Quando se tem um bilhete de primeira classe, o indivíduo deve se comportar como um passageiro de primeira classe.

FALA, FERNANDINHO...

Se você quer vencer uma batalha, o ENEM, um vestibular, um concurso, comporte-se como um vencedor! Não se encolha, não se esconda, não tenha medo. Você merece a oportunidade de lutar e por isso, somente por isso, precisa agir como um verdadeiro lutador, um guerreiro, um vencedor.

Fale de vitórias, pense alto, acredite em seu sucesso! Seja otimista, em todas as ocasiões... Vá para a primeira classe, você não é um vagabundo.

O Sol e o  Vento

DIZ A LENDA...

O Sol e o Vento discutiam sobre qual dos dois era mais forte e o vento disse:

— Provarei que sou o mais forte – disse o Vento. — Vê aquele velho que vem lá embaixo com um capote? Aposto como posso fazer com que ele tire o capote mais depressa do que você.

O Sol recolheu-se atrás de uma nuvem e o Vento soprou até quase se tornar um furacão, mas quanto mais ele soprava, mais o velho segurava o capote junto a si. Finalmente o Vento acalmou-se e desistiu de soprar.

Então o Sol saiu de trás da nuvem e sorriu bondosamente para o velho. Imediatamente ele esfregou o rosto e tirou o capote.

O Sol disse então ao Vento que a gentileza e a amizade eram sempre mais fortes do que a fúria e a força.

FALA, FERNANDINHO...

Essa fábula nos mostra que a melhor maneira de enfrentar os percalços não passa pelo desespero, pela pressa, pela violência.

Estudar também exige isso. Veja se você já não passou pela situação de tentar quatro ou cinco vezes fazer uma questão... e nada! Dá uma angústia e você decide: vou fazê-la, agora, de qualquer jeito... Que nada!

Da próxima vez que se sentir desafiado por uma questão maluca, desestabilizadora – talvez mal formulada ou sem resposta – evite enfrentá-la como quem enfrenta um dragão. Ao contrário... despreze-a, momentaneamente. Passe para outra. Guarde a questão e leve-a para que seja analisada por um professor, monitor ou colega bem preparado. Você vai se surpreender com a quantidade de tempo ganho com isso, na medida em que perceber quantas das questões-dragão são, na verdade, bichinhos frágeis com defeito de nascença, ou seja, nasceram anômalos. Relaxe!

Quanto vale uma *nota de 20?*

DIZ A LENDA...

Um famoso palestrante começou um seminário segurando uma nota de 20 dólares. Em uma sala, com duzentas pessoas, ele perguntou:

— Quem quer esta nota de 20 dólares?

Mãos começaram a se erguer. Ele disse:

— Darei esta nota a um de vocês, mas, primeiro, deixem-me fazer isto! – e, então, ele amassou a nota e perguntou, outra vez:

— Quem ainda quer esta nota?

As mãos continuaram erguidas.

— Bem – ele disse –, e se eu fizer isto? – e deixou a nota cair no chão e começou a pisoteá-la e a esfregá-la.

Depois pegou a nota, agora imunda e amassada, e perguntou:

— E agora? Quem ainda quer esta nota?

Todas as mãos permaneceram erguidas.

— Meus amigos, vocês todos devem aprender esta lição. Não importa o que eu faça com o dinheiro, vocês ainda irão querer esta cédula, porque ela não perde o valor.

FALA, FERNANDINHO...

Não permita que as dores do dia a dia, os problemas pessoais, o fracasso em uma prova lhe tirem a autoestima. Você vale pelo que é, e não pelo estado em que se apresenta depois de ter sido pisoteado, humilhado, machucado pelas intempéries da vida. Valorize-se!

Sorte, azar e *atitude*

DIZ A LENDA...

Um homem que vivia no norte da China, perto da fronteira, era hábil na interpretação dos acontecimentos. Certo dia, por nenhum motivo aparente, o cavalo de seu filho saiu correndo em disparada e desapareceu do outro lado da fronteira, na terra dos nômades. Todos procuraram consolá-lo, menos seu pai:

— Como você pode estar certo de que isso não é uma bênção, meu filho?

Alguns meses depois, o cavalo perdido voltou, trazendo consigo um esplêndido garanhão nômade. Todos congratularam o rapaz, exceto seu pai:

— Filho, como você pode estar certo de que isso não é um desastre?

A família ficou enriquecida com o belíssimo animal que o filho adorava montar, até o dia em que o rapaz caiu e quebrou o quadril. Todos foram consolá-lo, menos seu pai:

— Meu filho, como você pode estar certo de que isso não é uma bênção?

Um ano depois, quando os nômades atravessaram a fronteira à força, todo homem capacitado foi obrigado a tomar o arco e ir para a guerra.

Os combates foram tão intensos que os chineses perderam nove de cada dez homens. Mas foi somente porque o rapaz ficara aleijado que pai e filho foram poupados das batalhas e sobreviveram para cuidar um do outro.

FALA, FERNANDINHO...

Essa é uma daquelas historinhas clássicas, até um pouco repetitivas... mas que trazem uma lição importante: jamais devemos nos precipitar na interpretação de resultados, até mesmo de provas e concursos. O que nos parece um desastre pode ser uma bênção, e vice-versa.

Para alguns, a aprovação traz soberba, orgulho inflado, vaidade doentia e... perda de amigos, perda de identidade, infelicidade; para outros, a reprovação traz desafios, novos sonhos, aproxima os verdadeiros amigos.

De uma coisa eu tenho certeza: de que nem todos os aprovados serão felizes para sempre, assim como a reprovação não joga ninguém no poço da infelicidade; nos dois casos,

atitude é tudo!

KIEFERPIX/SHUTTERSTOCK